VIJAYALAKSHMI SAM

La conscience métacognitive dans les stratégies de lecture chez les apprenants divergents

AF005142

VIJAYALAKSHMI SAM

La conscience métacognitive dans les stratégies de lecture chez les apprenants divergents

ScienciaScripts

Imprint

Any brand names and product names mentioned in this book are subject to trademark, brand or patent protection and are trademarks or registered trademarks of their respective holders. The use of brand names, product names, common names, trade names, product descriptions etc. even without a particular marking in this work is in no way to be construed to mean that such names may be regarded as unrestricted in respect of trademark and brand protection legislation and could thus be used by anyone.

Cover image: www.ingimage.com

This book is a translation from the original published under ISBN 978-620-3-41116-4.

Publisher:
Sciencia Scripts
is a trademark of
Dodo Books Indian Ocean Ltd., member of the OmniScriptum S.R.L Publishing group
str. A.Russo 15, of. 61, Chisinau-2068, Republic of Moldova Europe

ISBN: 978-620-4-04486-6

Zugl. / Agréé par: Le cadre théorique établi dans la thèse favorise l'étude des modèles de lecture et des stratégies métacognitives en analysant toutes les composantes de la lecture. L'étude comprend 250 étudiants.

Copyright © VIJAYALAKSHMI SAM
Copyright © 2021 Dodo Books Indian Ocean Ltd., member of the OmniScriptum S.R.L Publishing group

Conciencia metacognitiva en las estrategias de lectura de los alumnos divergentes

Por

Dr. Vijayalakshmi Sam

ÍNDICE DE CONTENIDOS

INTRODUCCIÓN A LA ENSEÑANZA DEL INGLÉS.. 4

CONCIENCIA METACOGNITIVA EN LAS ESTRATEGIAS DE LECTURA 27

METODOLOGÍA.. 68

ANÁLISIS E INTERPRETACIÓN DE DATOS... 115

CONCLUSIÓN 150

BIBLIOGRAFÍA 156

Prefacio

El inglés se ha convertido en un importante modo de comunicación. Tiene una gran influencia en la configuración de la vida política, social, económica y cultural de la India. Se utiliza en la administración, la judicatura, la educación e incluso con fines literarios en la India. Es el medio de interacción y discusión en todo el mundo. En la generación actual, todo va por la vía rápida. Cada individuo está sometido a una gran presión para sobrevivir en este mundo competitivo, donde la comunicación es un factor clave. El aprendizaje del inglés a nivel universitario no sólo es una exigencia sino que se ha convertido en un aspecto de reputación para los padres. La lengua inglesa en el nivel universitario ayuda a los estudiantes a destacar en las entrevistas, a presentar seminarios y a hablar en público con confianza y a relacionarse con los profesores sin inhibiciones. La lengua inglesa ayuda a los estudiantes a crecer social y económicamente y a convertirse en oradores extrovertidos. El libro destaca el papel de la estrategia metacognitiva en las habilidades de lectura. También intenta analizar críticamente los módulos innovadores que pueden motivar a los alumnos a mejorar sus habilidades de lectura y escritura. El presente estudio proporcionará una posición en las estrategias metacognitivas entre los alumnos divergentes de la Universidad REVA, Bangalore.

CAPÍTULO I

INTRODUCCIÓN A LA ENSEÑANZA DEL INGLÉS

Enseñanza de la lengua inglesa

El inglés tiene un papel predominante en el mundo actual de la globalización. La nación recuerda el proyecto de ley de Lord Macaulay sobre la enmienda de la educación en lengua inglesa que se aprobó en el año 1885. Más tarde, la época posterior a la independencia marcó un increíble desarrollo de la enseñanza de la lengua inglesa en las escuelas, los colegios y todas las oficinas gubernamentales. Después del siglo ^{XX}, el valor de mercado de la lengua inglesa creció hasta convertirse en la lengua internacional para la comunicación y los negocios. Por lo tanto, la enseñanza de la lengua inglesa tuvo un gran auge en todos los sectores de la educación. Con el fin de inculcar la educación estándar, el gobierno de la India comenzó a proporcionar fondos, educación gratuita y comidas de mediodía a los sectores de la población por debajo de la pobreza.

David Crystal afirma que el poder de la lengua inglesa está estrechamente relacionado con la historia y el desarrollo del Imperio Británico (53). En todo el mundo, la lengua inglesa se habla en unos 112 países, de los cuales 370 millones son hablantes nativos y 610 millones hablan inglés como segunda lengua. El inglés es la única lengua flexible que se ha impuesto en todo el mundo de forma notable. El inglés es la lengua de comunicación en la educación, el comercio internacional, Hollywood, los informativos, la política, el turismo y la investigación científica.

"Una lengua alcanza un estatus genuinamente global cuando desarrolla un papel especial que reconoce en todos los países" (David Crystal 2). La lengua que se habla en el mundo es la "Lingua Franca" que utilizan las personas de los distintos países por su cultura o etnia. Incluso en países como China, Japón, Corea y Rusia, que eran opresores, han empezado a acoger la lengua inglesa debido a su enorme crecimiento en el mundo. El aprendizaje a través de la tecnología de la información y la comunicación, la lengua inglesa ha ocupado su espacio. Asimismo, cada día se ha acuñado una nueva palabra en el idioma y se ha añadido al diccionario de inglés de Oxford, por ejemplo, selfie, hashtagging, blogging, snap chat existen en la última edición del diccionario. La lengua inglesa está viva y crece cada día en el escenario global.

En el siglo XXI, el uso de la lengua inglesa se ha impuesto en todo el mundo. Incluso en los Emiratos Árabes Unidos, el 70% de la población utiliza el inglés como lengua franca. Aunque Europa tiene 23 lenguas oficiales, el inglés es la lengua más hablada en todos los estados. Por tanto, el inglés sigue siendo la lengua global para siempre.

Durante el gobierno de la Compañía de las Indias Orientales, la instrucción de la lengua inglesa comenzó en la India en la década de 1830. En 1835, el inglés sustituyó al persa como lengua oficial de la Compañía. Tras la invasión de los británicos, la lengua inglesa se introdujo en la India. Líderes hindúes como Raja Ram Mohan Roy y misioneros cristianos como William Carey abogaron por la educación occidental a través del inglés. La lengua inglesa se extendió gradualmente por el país y en el año 1857 se establecieron tres universidades en Mumbai, Chennai y Calcuta. La fundación de universidades dio lugar al crecimiento de las escuelas y colegios, lo que a su vez dio lugar al dominio de la lengua inglesa.

"En toda la India existe una extraordinaria creencia, entre casi todas las castas y clases, tanto en las zonas rurales como en las urbanas, en el poder transformador del inglés. El inglés se ve no sólo como una habilidad útil, sino como un símbolo de una vida mejor, un camino para salir de la pobreza y la opresión" (David Graddol 120). La India tiene más lenguas y dialectos que cualquier otro país. El hindi es la lengua nacional y la principal lengua materna del pueblo. Algunos estados del norte de la India oprimían la lengua inglesa y no la acogían como medio de enseñanza en las escuelas. En el sur, las principales lenguas eran el kannada, el tamil, el malayalam y el telugu. Hasta principios ᵈᵉˡ ˢⁱᵍˡᵒ ˣˣ, incluso en el sur de la India se consideraba que el inglés era el idioma utilizado para fines académicos y oficiales y no lo recibían bien. La encuesta realizada por India Today también informa de que en India alrededor de un tercio de la población total sabe hablar inglés. Pero la fluidez y la influencia de la lengua materna pueden variar de un estado a otro.

Conversar en lengua inglesa y leer en inglés es un orgullo para la mayoría de la sociedad de clase media. Hoy en día, todos los padres quieren que sus hijos utilicen eficazmente la lengua inglesa. El inglés se consideraba la lengua de la élite antes de la época de la independencia, de hecho en un momento dado el hindi era la única lengua considerada oficial. Hoy en día, en la India, la educación en inglés suele ser cara y de difícil acceso. En la mayoría de las escuelas financiadas por el gobierno, el medio de instrucción es el hindi o las lenguas locales. Así que algunos políticos hipócritas se aprovechan del contexto y consideran el inglés como una lengua nativa y proyectan aversión.

Por desgracia, en algunas escuelas indias los profesores siguen utilizando el método de enseñanza antiguo y convencional. Los nuevos enfoques no son populares entre los profesores. Como consecuencia, los estudiantes se enfrentan a todos los deméritos y carecen de las ventajas de los nuevos métodos y enfoques eficaces de aprendizaje de la lengua inglesa.

Sin embargo, el inglés se considera la segunda lengua de aprendizaje desde hace décadas. Los profesores de inglés están apoyando bien en la India para mejorar las habilidades comunicativas de los estudiantes en la educación superior, así como en las escuelas. Los estudiantes universitarios necesitan mejorar sus habilidades de lectura, lo que a su vez les ayuda a mejorar todas las subhabilidades de la lengua inglesa. Ningún estudio se ha dedicado por completo a analizar el impacto de las estrategias de lectura en el rendimiento de los estudiantes universitarios de ambos sexos en Karnataka, especialmente en Bangalore, que se considera un centro de tecnología de la información.

Karnataka es el octavo estado más grande en población de la India. La lengua inglesa tiene una versión mixta en el estado de Karnataka. El nivel de inglés varía según el distrito y la necesidad de la sociedad. La disparidad de los estudiantes en el aprendizaje de la lengua inglesa es obvia en las zonas rurales, sin embargo, el inglés juega un papel prestigioso en el distrito como Bangalore, que está creciendo mucho en la educación, los negocios, los medios de comunicación, la tecnología de la información y muchos más. Comprendiendo la demanda de la lengua inglesa a nivel universal, el gobierno de Karnataka ha introducido el inglés como asignatura en el estado, especialmente en las zonas rurales, a partir del cuarto curso. Esto ha traído nuevas esperanzas a los niños para conversar y leer en lengua inglesa.

La época posterior a la independencia tuvo un papel fundamental en la implicación de la segunda lengua porque las minorías que no querían que el hindi fuera la lengua de apoyo optaron por el inglés. Así, poco a poco, el inglés se convirtió en el medio de instrucción en las escuelas y también en la segunda lengua de los alumnos. Evidentemente, el inglés tiene una ventaja en términos de carrera y educación superior. Incluso las personas más atrasadas económicamente quieren invertir en sus hijos y optan por las escuelas y universidades de habla inglesa. Con el aumento de las habilidades de empleo para el idioma inglés y la comunicación, y la demanda en el mercado mundial para la educación en inglés, el gobierno de la India ha implementado el inglés como medio de instrucción en la mayoría de las escuelas y colegios.

Novedades en materia de educación

Las iniciativas más recientes en materia de aprendizaje y enseñanza que ha tomado el gobierno de la India son las siguientes:

- El Desarrollo de Recursos Humanos (HRD) lanzó una Biblioteca Digital Nacional de la India con motivo del Día Nacional de la Lectura el 17 de junio de 2018 en Nueva Delhi. El propósito de la apertura de esta biblioteca digital es proporcionar recursos educativos digitales a todos los ciudadanos de la India y animarles a leer más y aprender más. La Biblioteca Digital Nacional de la India es gratuita y accesible para todos, por lo que el aprendizaje es asequible para todo tipo de estudiantes. La biblioteca consta de más de mil libros de texto, artículos, libros, ficción, vídeos, audiolibros y conferencias.

- En el reciente presupuesto de 2018-2019, el gobierno estatal de TamilNadu ha asignado

- 27.205,88 millones de rupias para el año financiero, para impulsar el aprendizaje y la enseñanza.

- El primer Día Internacional de la Educación de la historia se celebró el 24 de enero de 2019 en la India, según la resolución aprobada por la Asamblea General de las Naciones Unidas el 03/12/2018, para celebrar el papel de la educación en el desarrollo. El Día Internacional de la Educación demuestra la voluntad política del mundo de proporcionar una educación de calidad a todos y lograr el desarrollo sostenible para 2030.

- El Parlamento del gobierno de la India implementó su aprobación del proyecto de ley sobre el derecho de los niños a la educación gratuita y obligatoria (enmienda) de 2018, en RTM el 4/01/2019.
- El Ministerio de Desarrollo de Recursos Humanos ha lanzado un Índice de Calificación de 70 puntos para evaluar la calidad de la educación escolar en los 29 estados de la India.

Si se observan los últimos avances y el ingenio del gobierno, queda demostrado que todos los ciudadanos de la India tienen la oportunidad de aprender y equiparse en el campo de la educación. Y de todos los 16 países asiáticos, incluso hoy en día, la India es conocida por ofrecer una excelente enseñanza y aprendizaje del inglés. Aunque China y Japón compiten por formar a sus ciudadanos en lengua inglesa, ambos países han optado por enseñar el inglés como lengua extranjera sólo a partir del quinto curso. Por ello, ofrece una educación de calidad y basada en las necesidades de los alumnos desde las clases de primaria.

Enseñanza de la lengua inglesa a nivel universitario

El medio de instrucción en la licenciatura desempeña un papel fundamental en la enseñanza y el aprendizaje. A menudo es un error pensar que los estudiantes de grado pueden rendir mejor si el medio de instrucción es tanto la lengua materna como el inglés. El uso del inglés como medio de instrucción siempre ha sido una ventaja para prosperar en el mercado global. La educación en inglés ha aportado empleo, comercio, invención a los estudiantes indios. En Karnataka, especialmente en Bangalore, que es un estado con una población diversa y varias comunidades lingüísticas, el inglés se ha convertido en un dialecto de éxito en la educación y la comunicación.

El aprendizaje del inglés a nivel universitario no sólo es una exigencia sino que se ha convertido en un aspecto de reputación para los padres. El idioma inglés en el nivel universitario ayuda a los estudiantes a destacar en las entrevistas, presentar seminarios, hablar en público con confianza e interactuar con los profesores sin inhibiciones. El inglés es el idioma universal y se habla en todo el mundo, por lo que ayudará a los estudiantes si quieren cursar estudios superiores en el extranjero. El idioma ayuda a los estudiantes a crecer social y económicamente y a convertirse en hablantes extrovertidos de la lengua inglesa.

Ningún estudiante puede tener éxito con la inteligencia sin una buena comunicación en lengua inglesa, que es una necesidad global del momento. Una vez que un estudiante puede aprender a leer en inglés, puede escribir bien y comunicarse bien en el idioma. Con el rápido crecimiento de la tecnología, el inglés se enseña a través de móviles y ordenadores. El aprendizaje de idiomas asistido por móvil y el aprendizaje de idiomas asistido por ordenador son el avance en la educación superior a través de la tecnología de la información y la comunicación.

La enseñanza de las habilidades de lectura hoy en día en un nivel universitario es un gran desafío con el efecto adverso de los medios sociales y el desinterés de los jóvenes por la lectura. El factor común que hace que la generación más joven lea es sólo para obtener buenas notas en el examen. De ahí que los estudiantes de grado no cultiven el hábito de la lectura y que cautivar la atención de los alumnos divergentes sea un proceso complejo. Los alumnos divergentes son los que tienen potencial para aprender pero carecen de algunas habilidades para ser versátiles. Estos alumnos no poseen buenas habilidades lingüísticas. Conseguir que los alumnos se alineen con el texto y el contenido es un gran reto al que se enfrentan todos los profesores en las aulas de inglés cuando enseñan habilidades de lectura. Las recientes tendencias anunciadas por el British Council para enseñar la lengua inglesa con actividades innovadoras son las siguientes:

- Aprendizaje basado en actividades
- Aprendizaje de idiomas asistido por móvil
- Juegos lingüísticos
- Aprendizaje de idiomas asistido por ordenador
- Aulas invertidas
- Mapas mentales
- Jigsaw
- Aprendizaje integrado de contenidos y lenguas
- Poder de la palabra Apps

Sin embargo, con respecto a los alumnos divergentes en un aula heterogénea, la enseñanza basada en actividades con estrategias de metacognición allana el camino para que los alumnos aprendan las destrezas de lectura sin inhibiciones y mejora también sus habilidades de pensamiento.

Tipos de lectura

a. Lectura académica

A lo largo de la vida académica de un estudiante, éste tiene que superar varios tipos de exámenes. Comprender un pasaje determinado en el momento del examen y dar respuesta a una serie de preguntas es un reto para los estudiantes. "Comprender un texto escrito significa extraer de él la información necesaria de la manera más eficaz posible" (Grellet[3]). La comprensión del contexto sólo puede producirse si el alumno lo lee consciente y correctamente. Si el alumno es capaz de leer meticulosamente, de adquirir el significado, es de suponer que podrá responder a cualquier forma de preguntas como las de respuesta corta, las de rellenar los espacios en blanco, las de emparejar lo siguiente y las preguntas abiertas.

Sekara señala: "Una de las actividades más importantes, en la educación terciaria, es la lectura por información y no por placer, que ha sido investigada y documentada de acuerdo con las reglas del discurso académico" (121-126). Las técnicas de lectura académica eficaz, el módulo "RAP" *(Reading for Academic Purpose)* reconoce la sintaxis del estudiante, la conciencia de los fonemas y los registros que se suelen utilizar en el discurso académico.

b. Lectura individualizada

La lectura individualizada ofrece a los alumnos la oportunidad de seleccionar textos o libros según un sistema de elección. King destaca la lectura individualizada como "el enfoque correcto" (43). La idea que King propuso fue significativa porque afirma que los estudiantes de nivel universitario deberían tener la posibilidad de elegir el texto y leerlo. Dado que el objetivo y la velocidad de lectura de cualquier género varía de un estudiante a otro, la ventaja de la lectura individualizada es que permite a los estudiantes elegir el texto que más les convenga en función de su nivel de comprensión. En este módulo no se obliga a los alumnos a leer un texto específico.

c. Lectura no académica

Los alumnos leen mucho material escrito por diversas razones, además de para los exámenes. Kings cita "La lectura no académica permite a los alumnos "tener sus propios sentimientos al respecto" (38). En el contexto de la lectura académica, los alumnos se ven obligados a cubrir todo el programa de estudios y el propósito es sacar buenas notas en el examen. En la lectura no académica los alumnos tienen la oportunidad de elegir libros o textos por su cuenta. Este módulo es similar a la lectura individualizada, salvo por el espacio de tiempo. "La lectura no académica puede, a su vez, ayudar a los alumnos a desarrollar su lengua porque la lectura amplia es un "medio muy eficaz para ampliar el dominio de una lengua" (Nuttall 30).

d. Lectura intensiva

Nuttall cita "La lectura intensiva consiste en llegar a comprender, no sólo lo que significa el texto, sino cómo se produce el significado" (38). En la lectura intensiva es importante lo que se lee y cómo se lee. En este tipo de lectura, el alumno prefiere leer textos más cortos para escanear la información. Las estrategias de lectura intensiva se enseñan principalmente para entrenar a los alumnos a obtener información en un periodo corto de tiempo. Grellet llama a la lectura intensiva "una actividad de precisión" que consiste en leer para obtener información específica (4). Los profesores utilizan ampliamente la lectura intensiva como actividad co-curricular, especialmente en las aulas más grandes. También se denomina lectura residente. La lectura intensiva es esencial para que los alumnos mejoren sus habilidades lectoras porque "la mayoría de las habilidades lectoras se entrenan estudiando detalladamente los textos más cortos" (Nuttall 38).

Barry infiere que "la lectura intensiva es más útil que la lectura extensiva". Exclama que "nada de interés puede ocurrir en esta asignatura ['Estudios Ingleses'] sin la lectura intensiva" (4). El procedimientoSQ3R *(Survey, Question, Reading, Reciting and Reviewing)* es aconsejado por Barry para prosperar la lectura intensiva de los alumnos.

e. Lectura extensiva

La lectura extensiva es redefinida por Davis como "un esquema de biblioteca de clase complementaria, adjunta a un curso de inglés, en la que se da a los estudiantes el tiempo y los materiales para leer placenteramente, tantos libros como sea posible con su capacidad" (329).

Williams denomina el proceso completo como "lectura relativamente rápida de textos largos" (10). Del mismo modo, Nuttall infiere que la lectura extensiva "es esencialmente una actividad privada, y el alumno habita en su mundo privado de lectura por su propio interés" (142). La razón básica por la que el estudiante opta por la lectura extensiva es que es el método más fácil y rápido de mejorar las habilidades de lectura. Otros beneficios de la lectura extensiva con fines académicos son que: se convierte en una importante pedagogía de la enseñanza de la lectura fuera de la clase, proporciona placer al lector mientras lee. Y, por lo tanto, los estudiantes obtienen un progreso constante en la adquisición y el desarrollo de las habilidades de lectura.

Pero, el objetivo de la "lectura extensiva es disfrutar de un texto, y en esta lectura los estudiantes de grado no necesitan responder a preguntas sobre el texto que han leído. Además, pueden seleccionar sus propios libros y leer mucho a su propio ritmo" (Día 8). Es responsabilidad del profesor sugerir a los alumnos, motivarlos para que lean libros útiles e interesantes. Day afirma que "las cosas buenas suceden cuando los alumnos leen extensamente" (10).

El autor aclara que la lectura extensiva convierte a los alumnos en lectores fluidos, potencia su vocabulario y facilita su conocimiento de los registros del lenguaje.

La lectura extensiva ayuda a los estudiantes a hablar, a escribir la composición, a escuchar y a adquirir otras subhabilidades. En definitiva, los módulos o actividades de lectura sacan lo mejor de cada alumno en la práctica del idioma. Tanto las lecturas intensivas como las extensivas son significativas y se correlacionan entre sí. Para ser un alumno bien organizado, debe utilizar ambas actividades, como recomienda Williams: "Por cada hora de lectura intensiva, el alumno debería hacer al menos otra hora de lectura extensiva" (44).

Metacognición en la lectura

John Flavell inventó la estrategia denominada metacognición "cognición sobre los fenómenos cognitivos", o "pensar sobre el pensamiento" (906). Hay muchas otras explicaciones dadas al término metacognición, por nombrar algunas;

- "El conocimiento y el control que los niños deben tener sobre su propio pensamiento y actividades de aprendizaje" (Cross & Paris 131).
- "La conciencia del propio pensamiento, la conciencia del contenido de las propias concepciones, un seguimiento activo de los propios procesos cognitivos, un intento de regular los propios procesos cognitivos en relación con el aprendizaje posterior, y la aplicación de un conjunto de heurísticos como dispositivo eficaz para ayudar a las personas a organizar sus métodos de ataque a los problemas en general"(Hennessey 3).
- "Conciencia y gestión del propio pensamiento" (Kuhn & Dean 268-273).
- "La vigilancia y el control del pensamiento" (Martínez 696-699).

La estrategia de metacognición es una de esas estrategias que ayuda a los alumnos a reflexionar sobre el texto leído y a aplicar la estrategia para conectar con los conocimientos previos. Si la estrategia de metacognición se planifica con antelación al programa de estudios, el profesor puede llevar a los alumnos a la autorregulación. En el caso de los estudiantes de grado, la autorregulación les ayuda a trazar patrones, supervisar y evaluar el texto con la técnica de pensar antes de interrogar. La metacognición ayuda a los estudiantes a dominar otras asignaturas en el ámbito académico y a participar en un orden superior de pensamiento.

Conocimiento metacognitivo

El conocimiento metacognitivo implica dos estrategias importantes. (Flavell 35-60) habla de las estrategias que el alumno aprende y utiliza para tomar conciencia.

Para completar un módulo utilizando la experiencia metacognitiva, un estudiante puede preguntarse sobre;

➢ ¿Cuál sería el plazo de aprendizaje?
➢ ¿Qué experiencia ganará después de aprender el idioma o la habilidad?

- ¿Se ha completado el módulo?
- ¿Es interesante la estrategia?
- ¿Es la habilidad similar a la que he aprendido antes?
- ¿Cuáles son los requisitos para aprender el módulo?

Experiencias metacognitivas

Arnold Bennett, citado, "no se puede tener conocimiento sin tener emociones. En la metacognición están presentes sentimientos y emociones relacionados con los objetivos y las tareas del aprendizaje." Los rudimentos en la estrategia metacognitiva ayudan a los alumnos a visualizar antes de aprender. Las emociones y los sentimientos asisten como respuesta para apoyar a los alumnos a adquirir conocimientos, aprender la técnica de la comprensión y aprender nuevos vocabularios.

"Cuando se aprende una nueva lengua, por ejemplo, uno puede evocar recuerdos, información y experiencias anteriores de su vida para ayudar a resolver la tarea de aprender un nuevo idioma. Al hacerlo, las respuestas internas del alumno (experiencia metacognitiva) pueden ser de frustración, decepción, felicidad o satisfacción. "Cuando se utiliza en un aula heterogénea, los alumnos divergentes experimentan el proceso de pensamiento y aprendizaje (Flavell 324-340).

La metacognición ayuda a los alumnos en las técnicas de resolución de problemas. Una vez que el alumno es competente en el uso de estrategias metacognitivas, puede dominar todas las demás habilidades. Los estudiantes culturalmente fuertes son capaces de utilizar con éxito las habilidades metacognitivas en su vida diaria. Asimismo, ayuda a los alumnos a fomentar y disfrutar del proceso de lectura y comprensión sin ningún tipo de estrés o prejuicio sobre el autor o el texto en cuestión.

Las investigaciones indican que los estudiantes con un alto rendimiento académico poseen ciertas capacidades cognitivas. Por ejemplo, son conscientes de sus procesos cognitivos y controlan y gestionan su aprendizaje. En este sentido, utilizan estrategias metacognitivas para supervisar la cognición y alcanzar objetivos cognitivos. Las habilidades metacognitivas se asocian con ganancias en el aprendizaje y el rendimiento académico; en consecuencia, los estudiantes con conciencia metacognitiva son estudiantes exitosos. Las habilidades metacognitivas incluyen la distinción en el aprendizaje, la predicción, el cuestionamiento y la evaluación. Sin embargo, la metacognición varía mucho entre los individuos. La metacognición en los estudiantes universitarios puede desarrollarse con la práctica diaria a través de la enseñanza basada en actividades.

La lectura es una habilidad receptiva que influye en otras habilidades productivas. Por ejemplo, un alumno que no tiene un buen rendimiento en la lectura automáticamente tiene un mal rendimiento en la escritura, la expresión oral y el vocabulario. Por lo tanto, la debilidad en la lectura deteriora las condiciones en el aula y el alumno se siente inseguro en sus estudios e intenta esconderse sin participar. Y los problemas de lectura varían de un estudiante a otro. Incluso la criticidad puede diferir según los antecedentes de los estudiantes.

¿Si los alumnos mejoran sus estrategias de lectura empleando la conciencia metacognitiva? Y la respuesta se establecerá a través de la investigación pagando el camino para descubrir cómo los alumnos utilizan realmente las estrategias en la tarea de lectura real. Desde el punto de vista del investigador, se ha observado que la enseñanza entre los estudiantes universitarios de bajo rendimiento lector puede improvisarse utilizando estrategias metacognitivas y actividades innovadoras en el aula. El presente estudio proporcionará una posición en las estrategias metacognitivas entre los alumnos divergentes de la ciudad urbana de Bangalore. Se prevé que las estrategias innovadoras cubrirán el vacío de los alumnos divergentes en un aula heterogénea y el uso que hacen de estas estrategias en los hábitos de lectura diarios.

Objetivos

➢ Desarrollar la capacidad lectora de los alumnos utilizando estrategias metacognitivas.

➢ Mostrar el progreso de los estudiantes en las medidas de rendimiento de lectura después de recibir un curso de las instrucciones de estrategia de lectura.

➢ Incorporar actividades innovadoras para mejorar la capacidad de lectura de los alumnos.

➢ Facilitar a los alumnos la adquisición de estrategias de lectura del proceso global de aprendizaje.

Hipótesis

➢ Los alumnos serán capaces de desarrollar una habilidad lectora eficaz a través de habilidades metacognitivas.

➢ Los estudiantes pueden mejorar en sus estrategias académicas así como mejorar el proceso de lectura.

➢ Los estudiantes se involucrarán en las actividades basadas en la lectura y se relacionarán en su trabajo de curso.

➢ El alumno adquirirá todas las demás habilidades, como escuchar, escribir y hablar.

➢ Todos los alumnos pueden interactuar y disfrutar del proceso de lectura sin forzarlo.

Revisión de la literatura

El enfoque de la educación actual ha logrado un cambio de paradigma, pasando del aprendizaje memorístico al aprendizaje significativo. En este contexto, el papel del examen, la evaluación y la respuesta también se ha transformado. Los investigadores han estudiado varias cuestiones relacionadas con las dificultades a las que se enfrentan los estudiantes en el nivel universitario. Pero, en última instancia, la raíz del desarrollo del lenguaje reside en el desarrollo de la capacidad de lectura, que es la base para el desarrollo de otras subhabilidades. Huey comenta que "la lectura es claramente como una compleja conexión cerebral ocular; la lectura es un proceso de ojeo al construir el significado y determinar a qué atender en el texto" (210).

Evaluación de la estrategia de lectura

Para fundamentar la evaluación de la lectura, los investigadores han estudiado el propósito real de la lectura. KemalettinYigiter et. al. reconocieron que los alumnos reconocen las estrategias de lectura durante y después de la lectura. Se observó que los alumnos eficientes podían utilizar diversas estrategias en todas las etapas, mientras que los alumnos divergentes variaban en el uso de las estrategias durante y después de la etapa de lectura. Así, los alumnos podían distinguir las estrategias según su necesidad y capacidad (124-127).

Asimismo, Vince Gaudio, ha examinado la mejora de las habilidades de vocabulario de los estudiantes utilizando estrategias de lectura. Para el estudio, la muestra de población consistió en 19 estudiantes cuya segunda lengua era el inglés y que vivían en una ciudad metropolitana de Illinois. El estudio reveló que, mediante ejercicios constantes, la capacidad de lectura de los estudiantes aumentó en el aula y algunos de ellos adquirieron nuevo vocabulario (44).

El trasfondo cultural y las experiencias pasadas tienen un papel importante a la hora de influir en la mente de un estudiante. Johnson, en su estudio, incluyó a 65 estudiantes estadounidenses e iraníes para evaluar el efecto de los cuentos folclóricos en la comprensión lectora. El investigador descubrió que la cultura de un estudiante en particular y sus experiencias pasadas conectaban la cognición del estudiante y se obtenían resultados (169-181).

La conciencia de los fonemas y el conocimiento lingüístico pueden mejorarse mediante estrategias de lectura. Según Chang, se llevó a cabo un estudio con 40 estudiantes de último curso de un colegio americano. Se sorprendió al descubrir que las dificultades lingüísticas y la complejidad de los fonemas afectaban a los estudiantes para identificar los temas en las estrategias de lectura y no podían asociar ninguna familiaridad con el texto. Descubrió que la cognición y la representación mental del texto leído dependen de la conciencia del lenguaje (172-198).

El siguiente estudio hablaba de las estrategias de lectura dentro de las aulas. Phakiti informó sobre un estudio realizado en la Universidad de Tailandia, en el que se afirmaba que los estudiantes que utilizaban estrategias metacognitivas mientras leían tenían éxito en sus estudios y podían rendir bien en todas las demás asignaturas (26-56). Del mismo modo, Anthony Onwuegbuzie descubrió que los estudiantes afroamericanos de grado podían rendir mejor utilizando estrategias de lectura metacognitivas mientras leían que los estudiantes que no utilizaban las estrategias (443-457). Otro investigador llamado Yazdanpanah también demostró que los estudiantes masculinos y femeninos no son similares en el uso de las estrategias de lectura mientras leen. Para adquirir otras subhabilidades, especialmente la comprensión de pasajes complejos, las alumnas utilizan varias estrategias de lectura que los alumnos (64-80).

Dass P.A. llevó a cabo un estudio en un centro de enseñanza secundaria de Gujarat Central para averiguar cómo influye la capacidad de memoria y retención en la capacidad de comprensión lectora de los alumnos. Los resultados del estudio mostraron que las alumnas podían recordar y retener conceptos, mientras que los alumnos eran buenos en la cognición mientras realizaban las actividades de lectura en el aula (629). Otro estudio realizado por Lucía María con 60 alumnos de una edad determinada mostró que la lectura influía en la ortografía, la pronunciación y la formación de frases de los alumnos (1991).

Un estudio de caso de investigación realizado sobre la velocidad de lectura, la conciencia de los fonemas, la influencia cultural, la conciencia lingüística, el pensamiento crítico, el poder de la memoria, la capacidad de retención, los factores cognitivos y no cognitivos y otras discapacidades de lectura. Algunos de los estudios citados son los siguientes: Chandrakanthi, R. investigó sobre el estudio del nivel de velocidad de lectura y comprensión de los estudiantes de primer año de la diplomatura y observó el nivel de velocidad de lectura y comprensión de los estudiantes de primer año de la escuela politécnica, que incluía a 118 chicos y 80 chicas. Demostró que las chicas son mejores que los chicos en la lectura y utilizan mejores estrategias (1991).

Uma Maheswari, S, en su estudio "Reading Comprehension and Culture: Un estudio lingüístico" investigó sobre el Año Nuevo Chino y el Sankranti entre los estudiantes de secundaria superior. Su estudio comparativo de los conocimientos culturales y la lectura en el estudio muestran la influencia de los antecedentes y la influencia cultural de los estudiantes en el desarrollo de la lectura, especialmente en términos de sistema de creencias (1994).

Saravinolini F, investigó un estudio sobre el Estudio Lingüístico de la Competencia Comunicativa de los Estudiantes de la Clase de Grado I con Referencia a la Habilidad de Lectura y Escritura, y ha demostrado que la competencia comunicativa de los estudiantes de lengua inglesa es mejor que la de los estudiantes de lengua vernácula, por lo que los estudiantes de lengua vernácula se quedan atrás, no pueden tener oportunidades de rendimiento (1997).

Velmurugan, K. llevó a cabo una investigación sobre la eficacia del proceso de pensamiento a través de la lectura y la escritura de los estudiantes de posgrado de inglés e investigó entre los estudiantes de posgrado de la Universidad de Bharathiar, Coimbatore. El elemento de experimento de cognición se utiliza para el desarrollo del proceso de pensamiento a través de la lectura y la escritura. 30 estudiantes, de los cuales 3 eran chicos y 27 chicas, participaron en el estudio. El grupo del estudio nunca había recibido ninguna formación sistemática en la Teoría de las Inteligencias Múltiples y los estudiantes no utilizaban estrategias cognitivas ni siquiera a nivel de postgrado mientras leían y escribían (2010).

Koppar, B. realizó un estudio sobre las diversas razones y factores que afectan a las técnicas de comprensión lectora entre los estudiantes. Descubrió que la ansiedad es un factor negativo que impide a los estudiantes seguir leyendo. También se refirió a los problemas prácticos que afectaban al desarrollo de la lectura de los estudiantes, como la falta de motivación por parte del profesor, la infraestructura inadecuada y la mala situación económica y social de los estudiantes, que afectaban directamente a su lectura y, a su vez, a toda su actividad académica (1970).

Agarwal, V.R. investigó la relación de los factores cognitivos y no cognitivos en la capacidad de lectura. El estudio demostró que los aspectos cognitivos eran más aplicables en la lectura y la comprensión y mejoraban las calificaciones en otras materias básicas que los factores no cognitivos (1981). Según Devi Vimala P, el estudio muestra la importancia del pensamiento crítico entre los estudiantes de secundaria superior. El estudio examinó que las estrategias de lectura ayudaron a los estudiantes a pensar de forma crítica y los estudiantes pudieron comprender incluso pasajes complejos. Los alumnos fueron capaces de utilizar la estrategia en las actividades diarias del aula. Y los resultados revelaron que existe una asociación entre la estrategia utilizada y el texto (1986).

Zeleke llevó a cabo un estudio en el que inspeccionó a los estudiantes que tenían debilidad en la lectura y la comprensión y a los estudiantes que eran muy buenos en la lectura. Se trataba de un estudio comparativo y en él se adoptó un enfoque más riguroso. Los resultados revelaron que, de 28 estudios, el 70% no encontró ninguna diferencia entre los estudiantes que tenían dificultades en la lectura y la comprensión que los estudiantes que eran calificados como buenos en la lectura y la comprensión (2004).

Elwer examinó la habilidad cognitiva y el aprendizaje del lenguaje entre los estudiantes con pobres habilidades de comprensión lectora y encontró que los altos niveles de variabilidad en las habilidades del lenguaje oral, tales como el vocabulario, la gramática fueron las razones de la pobre comprensión oral (2014).

Alshammari ha comprobado que las estrategias metacognitivas ayudan a los alumnos a comprender las habilidades de aprendizaje que se les exigen en el aula. De este estudio se desprende que los estudiantes con estrategias metacognitivas desarrollan mejores habilidades de aprendizaje en comparación con los que no tienen dichas estrategias (2015).

Sutiyatno exclamó que el comportamiento emocional y la empatía de los profesores, la capacidad de mostrar comprensión por los sentimientos y acciones de sus alumnos, juega un papel muy importante para que el proceso de enseñanza-aprendizaje sea más cómodo y exitoso (2018).

Los investigadores han utilizado tanto la investigación descriptiva como la de acción para reconocer los enfoques de las estrategias de lectura. Chamot cita "el uso de estrategias, que son procesos mentales, no puede ser observado, por lo que los investigadores han confiado, en gran medida, en la verbalización del autoinforme"(317-331).Para contradecir a Afflerbach, debate "A pesar de la falta de verticalidad e imperfección del investigador, los datos autoinformados siguen proporcionando información útil sobre el procesamiento cognitivo interno"(163-179).

Actitud sobre las estrategias de lectura

En un estudio comparativo, Shah, J.H. (1979) observó que las variables de lectura, la inteligencia de los estudiantes que resuelven la comprensión lectora se debe a su influencia personal y psicológica. Los resultados del estudio mostraron que la influencia personal y psicológica en los alumnos se debía principalmente a los ingresos, la educación y la ocupación de sus padres. Esto afectaba a sus opiniones, pensamientos y percepciones, que controlaban directamente su comprensión lectora.

Kantawala, N.N. (1980) observó las actitudes de los estudiantes de la escuela secundaria sobre la lectura y encontró que hay una actitud y un hábito de lectura positivos sólo entre los estudiantes que tenían una familia pequeña que los estudiantes que tenían una familia extensa.

La literatura relacionada con la lectura ha ayudado al investigador a enmarcar el enfoque del presente estudio. El investigador ha emprendido seriamente la investigación para averiguar la habilidad lectora de los estudiantes de grado. También se han estudiado los factores que afectan o influyen en la habilidad lectora. También se ha estudiado la relación entre la sub-habilidad lectora y la habilidad lectora.

Comprensión lectora

Eckert infiere que "las intersecciones entre la enseñanza de la teoría literaria y la enseñanza de las estrategias de lectura como medio para salvar las diferencias pedagógicas entre las instituciones secundarias y postsecundarias y entre la enseñanza compensatoria y la enseñanza de la alfabetización/literatura general" (110). Zhang debatió sobre "el problema no es la falta de capacidad, sino la falta de preparación" (14).

En una investigación de acción, Nash-Ditzel examinó el impacto de las estrategias de lectura metacognitivas en 5 estudiantes universitarios, que no obtuvieron buenos resultados y, por lo tanto, fueron colocados en un curso de recuperación de lectura. El estudio se realizó durante dos semestres en un colegio comunitario. Durante los dos semestres se enseñó a los estudiantes a utilizar estrategias mientras, durante y después de leer cualquier texto. De hecho, las estrategias de lectura como la visualización, la predicción y las técnicas de interrogación se enseñaron periódicamente. Descubrió que el comportamiento lector de los 5 estudiantes se transformó drásticamente y pudieron adquirir conocimientos tanto prácticos como teóricos. También se convirtieron en aprendices independientes. El investigador descubrió además que las estrategias que utilizaban los alumnos diferían según el contexto y podían permitirles obtener una buena puntuación (45).

Falk-Ross afirma que "los enfoques de instrucción más eficaces para los estudiantes es como la propia construcción de estrategias de alfabetización útiles para el éxito en las clases universitarias y la aplicación en sus carreras elegidas" (285). El estudio proporciona la implicación de que las estrategias de lectura son más efectivas entre los estudiantes universitarios y tienen un impacto positivo en la educación superior a través del mundo. Se puede observar que todos los lectores tienen éxito tanto personal como profesionalmente.

Las estrategias de lectura, si se utilizan regularmente en las aulas por parte de todos los profesores de inglés, permiten a los estudiantes centrarse, organizarse sistemáticamente, establecer objetivos y emplear su tiempo sabiamente. En segundo lugar, las estrategias metacognitivas en el nivel universitario, especialmente para los estudiantes divergentes que necesitan un estímulo, para tales estudiantes las estrategias transforman su pensamiento reflexivo, la percepción y mejorar increíblemente sus habilidades de escritura y habla. Se transforman y reforman educativamente.

Lagunas en la investigación

Las investigaciones realizadas en el pasado han puesto de manifiesto muchas cuestiones relacionadas con las habilidades lectoras, pero sólo se ha investigado mínimamente sobre los alumnos divergentes que utilizan estrategias de lectura metacognitivas. Algunas de las lagunas señaladas son:

➢ Asociación entre la metacognición de los estudiantes y su actitud sobre la habilidad lectora.

➢ Muchas investigaciones no han analizado el uso óptimo de las estrategias metacognitivas para desarrollar otras subhabilidades.

➢ Cómo y a qué se extienden las estrategias de lectura en el aula.

➢ La enseñanza basada en actividades limitada en la mejora de las habilidades de lectura.

Los materiales de lectura no apoyan, mucho en el vocabulario, la gramática y carece en el uso de las habilidades de razonamiento y pensamiento como resumir, comparar y contrastar, causa y efecto. La falta de curiosidad es otra causa de fracaso en la lectura. En el caso de algunos alumnos, la lectura es una actividad independiente que se realiza en solitario. Por lo tanto, este estudio hace hincapié en cómo las habilidades de lectura metacognitivas utilizando estrategias innovadoras pueden ser implementadas entre los alumnos divergentes para llenar las lagunas.

CAPÍTULO II

CONCIENCIA METACOGNITIVA EN LAS ESTRATEGIAS DE LECTURA

Simulación sobre la capacidad de lectura

La lectura se considera una habilidad más eficiente y eficaz. La lectura es una habilidad que el alumno utiliza para obtener información, conocimientos y entretenimiento. Al leer, el alumno utiliza sus conocimientos previos para conectar, recordar sus experiencias pasadas y adquirir nuevas experiencias con los conocimientos adquiridos. Durante la lectura de cualquier texto, se produce una interacción entre el autor y el alumno.

Ransom define "la lectura como una conversación entre el escritor y el alumno". Explica que, al igual que una conversación individual, "el escritor intenta transmitir algún mensaje a otra persona" (14-15). Existen diversas variedades de textos o géneros en lengua inglesa y cada uno de ellos tiene un estilo de escritura, una organización, un vocabulario, una sintaxis, un patrón y un propósito diferentes. El texto y el alumno son dos factores esenciales en el proceso de lectura. Day y Bamford afirman que "la lectura es la construcción de significado a partir de un mensaje impreso o escrito" (12).

Una vez que el alumno comprende el texto, entiende el contexto y empieza a aplicarlo, automáticamente se desarrollan todas las demás subhabilidades, como la composición escrita, el vocabulario y los elementos gramaticales. Alderson afirma que "el proceso de lectura es la interacción entre el alumno y el texto" (3). En cualquier entorno académico, se reconoce que la lectura es la habilidad previa para adquirir conocimientos e información. Si la lectura habitual se inicia desde el principio, la academia del alumno estará bien establecida. Aunque la lectura es una destreza receptiva, posibilita eficazmente otras destrezas productivas. Los estudiantes de la licenciatura poseen estrategias de lectura en su lengua vernácula y necesitan perfeccionarlas en inglés.

Los materiales auténticos están destinados a la lectura, que es un proceso complejo y crítico. El proceso requiere cognición. Cuando el alumno lee, piensa, interpreta y cuestiona antes de aplicarlo. La destreza lectora puede mejorarse a cualquier edad mediante ejercicios, aunque el proceso de lectura se produce con la edad temprana del alumno y continúa durante toda su vida. Alyousef cita la lectura "como un proceso interactivo entre los alumnos y los textos que da lugar a la fluidez lectora" (143-154).

La lectura es un mecanismo previsible de aprendizaje. La lectura proporciona conocimiento; comprensión, familiaridad, implicación y cualquier alumno puede ampliar sus intereses, su identidad y adquirir una habilidad más profunda de adquisición. La lectura desarrolla la cognición y permite al estudiante descubrir nuevos conceptos, pensamientos y educar en cualquier género que le interese. Y sobre todo, para los estudiantes universitarios la lectura fomenta la imaginación, la fascinación, la percepción y la interpretación.

La lectura es un proceso de encendido mental. Hay varias definiciones sobre la habilidad receptiva de la lectura. La lectura es también el esfuerzo continuo que realiza un alumno al mirar el texto impreso y recoger información. Según el diccionario Collins, "leer es un acto de mirar y comprender el punto". "La definición es lógica porque la lectura requiere el objetivo de buscar información y luego comprender el conocimiento o la información adquirida. Nuttall afirma que leer es "sacar del texto lo más posible del mensaje que el escritor pone en él" (4).

Carrell Patricia et. al define "la lectura como un proceso interactivo en el que los alumnos emplean sus conocimientos previos y su experiencia anterior para dar sentido al texto" (553-573). La habilidad de leer es también lo que el alumno percibe y comprende al descodificar las palabras. Algunos investigadores afirman que la lectura sólo puede producirse en un ambiente silencioso, pero universalmente se acepta que la lectura es un proceso que puede llevarse a cabo tanto en voz alta como en silencio. Roe y Smith afirman que "la descodificación consiste en identificar las letras (grafemas) como representantes de los sonidos en el lenguaje oral y ser capaz de unir los sonidos en palabras, lo que a su vez forma oraciones que expresan un significado" (25).

Goodman define "la lectura como un juego psicológico de adivinanzas" (126-135). La lectura es una colaboración entre el lector y el autor. Para algunos alumnos, todo el proceso es una interacción bidireccional entre el autor y los alumnos en la que intercambian información en la comprensión. La lectura para hombres y mujeres se registra de forma diferente según el nivel de desarrollo cognitivo del individuo. Según Grabe, "los alumnos toman decisiones muy rápidamente, casi de forma inconsciente, en la mayoría de los casos" (11-14).

Grellet cita la lectura como un proceso que "implica constantemente adivinar, predecir, comprobar y hacerse preguntas" (8). El procedimiento incluye el seguimiento del alumno mientras y después de la lectura y hasta qué punto puede responder a sus emociones, correspondientes al texto. Urquhart y Weir sostienen que "la lectura es un trajín lingüístico de inferencia y memoria, que relaciona el texto con los conocimientos previos, así como con aspectos de la sintaxis y el léxico" (346).

Nuttall afirma que "la lectura eficaz implica la habilidad de "ataque a la palabra", la habilidad de "ataque a la frase" y la habilidad de "ataque al texto"" (62-

78). Según los autores, la lectura prospectiva consiste en no limitarse a mirar las frases y las palabras y a hojearlas, sino en diagnosticar y complacer mentalmente a los alumnos. La lectura facilita a los estudiantes su aprendizaje académico y también mejora el vocabulario y las buenas habilidades gramaticales.

Teorías de la lectura

Las palabras tienen un poder místico para influir en las opiniones y emociones de los alumnos. Sin embargo, algunos estudiantes reconocen la necesidad de interpretar las palabras con precisión. Doff afirma que "normalmente tenemos un propósito al leer: hay algo que queremos averiguar, alguna información que queremos comprobar o aclarar, alguna opinión que queremos contrastar con la nuestra" (170). Los alumnos aprenden a distinguir entre los conceptos sobre las percepciones lógicas y prácticas del texto. En un ámbito más amplio, los alumnos interpretan las palabras según sus conocimientos y experiencias previas. Grellet clasifica la "lectura académica en dos categorías principales: (a) lectura por placer, (b) lectura por información". Por otra parte, es esencial determinar la necesidad del alumno, ya sea para el ámbito académico o para perfeccionar su capacidad de comprensión (4).

Nuttall estima que el propósito de la lectura es que "los estudiantes... necesitan aprender a leer para obtener un significado" porque, según ella, "la mejora del lenguaje es un subproducto natural de la lectura" (30). Esta capacidad de pensar lógicamente depende de:

➢ Familiaridad de los detalles
➢ Un intento de conciencia en el que el alumno llega a conclusiones
➢ Una respuesta a los errores cometidos

La lectura desarrolla las mencionadas habilidades de pensamiento de orden superior. Si el alumno piensa de forma lógica, no sólo puede leer con más precisión, sino también comunicarse con los demás con más éxito. Shahidullah opina que "la lectura, básicamente, se ocupa del significado de un texto, que está incrustado en el lenguaje del mismo" (210). El manuscrito es también "una manifestación física", y el propósito del alumno es "construir el significado" con los datos que proporciona un texto". Así pues, el objetivo real de la enseñanza de la destreza lectora para los profesores de lengua inglesa es desarrollar consecuentemente todas las demás destrezas lingüísticas de forma automática.

La lectura es realizada por diferentes personas en diferentes momentos con una amplia gama de objetivos. Nuttall considera que el objetivo de la lectura es una acción en la que "el significado parte de un solo morfema de un texto y se desarrolla gradualmente hasta que el texto en su conjunto transmite un mensaje completo al alumno" (20-22). La gente lee circulares, avisos, notas oficiales, documentos de abogados, cartas de pedido, facturas, instrucciones y directrices, para adquirir conocimientos generales y profesionales. Grellet afirma que cada alumno "aporta su propio significado a lo que lee en función de lo que espera del texto y de sus conocimientos previos" (9). Leen novelas, cuentos, cómics y revistas por placer. A continuación se enumeran algunos de los objetivos con los que los alumnos leen:

- Aumentar los conocimientos
- Realizar el estilo y los pensamientos
- Leer con pensamiento crítico
- Interpretar y comprender el texto
- Descubrir nuevas ideas
- Para leer por placer

Los estudiantes de la enseñanza superior necesitan esencialmente leer para recabar información, explorar ideas, ver críticamente y revisar e interpretar textos. Algunos alumnos leen simplemente por placer. Shahidullah afirma: "Un texto es una pieza de comunicación, cuyas partes se relacionan entre sí para crear un conjunto significativo" (211). En la pedagogía de la enseñanza de la capacidad de comprensión lectora, el profesor debe dar prioridad al desarrollo de los conocimientos del alumno. Es esencial que el profesor o el facilitador reconozcan las necesidades del público objetivo y planifiquen las intervenciones de aprendizaje. Haas y Parkey disciernen "un punto de vista con referencia a los alumnos que, los alumnos deben ser considerados como una entidad única para que el curso o el programa ofrecido por la institución pueda ser moldeado dentro de ellos" (108).

Por lo tanto, es vital que el facilitador conozca las necesidades del alumno, especialmente en el nivel de licenciatura, y planifique los módulos de acuerdo con sus necesidades intelectuales, emocionales y sociales. Deben emplearse estrategias de lectura adecuadas para satisfacer las necesidades del momento.

La teoría de Piaget

La teoría de Piaget se acuña para coordinar al alumno y al profesor. Piaget definió un esquema como "una secuencia de acción cohesiva y repetible que posee acciones componentes que están estrechamente interconectadas y gobernadas por un significado central" (7). La teoría de Piaget sobre la lectura desarrolla los conocimientos previos del alumno para asimilar la información. Si hay falta de asimilación entre el texto y el alumno, entonces surge el factor del aburrimiento. Este proceso es muy importante para que un estudiante, especialmente en el nivel universitario, tenga una asociación entre el texto leído y los conocimientos previos.

La teoría de Piaget ofrece sugerencias para la enseñanza de las habilidades lectoras; el profesor debe ser dinámico para planificar los módulos según el nivel de cognición del alumno. Especialmente en el caso de una clase heterogénea en la que los alumnos se distraen en la lectura, es responsabilidad exclusiva del profesor crear módulos innovadores basados en actividades para mejorar las habilidades lectoras de los individuos. "La teoría de Piaget se basa en una serie de supuestos que sustentan la forma en que él creía que los alumnos aprenden" Kail (150-152).

La teoría de Vygotsky

Lev Vygotsky vinculó la cognición al desarrollo social del alumno. En su estudio observó que los alumnos pueden aprender de los valores, pensamientos y comportamientos de las personas que les rodean (117-178). Vygotsky destacó el hecho de que los facilitadores pueden influir en el desarrollo de la cognición de cualquier alumno. Vygotsky confiaba en que "el lenguaje es una herramienta importante porque es interiorizado por el alumno para afectar al pensamiento y a la resolución de problemas" (Bukatko& Daehner 27). Engelbrecht & Green citan que "el papel del adulto es ayudar al alumno a adquirir el lenguaje de forma que le permita tomar el control de su propio aprendizaje" (83 - 84).

"La comprensión lectora se basa en comportamientos modelados y apoyados por adultos competentes" (Vygotsky78). Basándose en esta teoría, se puede entender que el alumno puede modificar las técnicas de comprensión lectora y convertirse en un alumno independiente utilizando estrategias de lectura metacognitivas. Por ejemplo, las estrategias metacognitivas permiten al alumno pensar en lo que lee y le permiten predecir, visualizar, conectar y evaluar. Esto, a su vez, desarrolla sus habilidades lectoras basándose en los modelos de lectura facilitados por los profesores.

La teoría de Vygotsky aporta sugerencias para la enseñanza de la comprensión lectora. Según él, para conseguir un ambiente favorable en el aprendizaje, el profesor debe tener en cuenta el bagaje cultural y social del alumno. El bagaje cultural influye directa o indirectamente en el pensamiento del alumno sobre un texto determinado. Al principio, el alumno puede recibir hojas de trabajo contextuales sencillas sobre la comprensión. Más tarde, se puede permitir que el alumno comprenda de forma independiente utilizando su experiencia y las habilidades derivadas del profesor.

La teoría del aprendizaje de Bruner

Jerome Bruner estableció una "teoría del desarrollo cognitivo en la que sostenía que el pensamiento y el razonamiento están integrados en un único proceso" (6). Bruner identificó que todo alumno pasa por tres etapas de desarrollo, primero el modo sedentario, segundo el modo reconocible y tercero el modo representativo. Es en el segundo modo, donde el alumno desarrolla el interés por la lectura y conecta con sus experiencias. "La teoría de Bruner defiende el aprendizaje por descubrimiento y el aprendizaje activo, en el que se fomenta la capacidad de resolución de problemas de los alumnos. Considera que los seres humanos son principalmente procesadores de información, aprendices, pensadores, creadores y narradores" (Bigge & Shermis133).

Bruner favorece los elementos sociales y culturales como herramienta significativa para el desarrollo cognitivo, al igual que Piaget y Vygotsky Driscoll (208). Las características mencionadas anteriormente son pertinentes en la enseñanza de la comprensión lectora. "La comprensión lectora es el proceso de extraer y construir simultáneamente el significado" (Snow & Sweet 1-3). Esto infiere que la meta o el objetivo de la lectura es leer el texto con cognición.

La teoría cognitiva de Ausubel

Para adquirir un aprendizaje con propósito, es esencial que el alumno sea curioso y muestre disposición a aprender nuevos conceptos, ideas y nuevos géneros con la experiencia existente. Y el aprendizaje intencionado se produce una vez que los alumnos se implican activamente en el interrogatorio. Ausubel afirma que "la teoría como aprendizaje verbal, porque la mayor parte de lo que se aprende en el aula se basa en el lenguaje como medio de comunicación, mediante el cual se presenta a los alumnos toda la información posible sobre un tema determinado en su forma final" (3 -39).

Ausubel denomina "aprendizaje de recepción", en el que el alumno capta las ideas, las infiere y luego utiliza el conocimiento" (56). "Ausubel creía que el aprendizaje se produce por la relación entre lo que los alumnos saben y lo que aprenden. Se dice que la información es significativa si puede relacionarse de algún modo con los alumnos" (Haas&Parkay144).

La teoría de Ausubel ofrece sugerencias para la enseñanza de la comprensión lectora, afirmando que los profesores deben comprender inicialmente el nivel real del alumno antes de preparar el programa de estudios de un curso determinado. El contenido también debe inculcar factores interesantes que reconozcan el interés actual del alumno y prevean el propósito de la lectura. La comprensión lectora es un curso de reflexión, las teorías de Piaget, Vygotsky y Ausubel son aplicables en el análisis de la enseñanza de la comprensión y en el uso de estrategias cognitivas que apoyen el desarrollo de la habilidad lectora.

La lectura es una habilidad de entrada. Por lo tanto, requiere la coordinación entre el cerebro y los ojos para comprender el texto escrito. Un buen alumno es capaz de prever el texto que va a leer y la finalidad del mismo. El esquema ayuda al alumno a predecir ampliamente el contenido del texto. Dependiendo del propósito de la lectura, el alumno escanea o hojea el texto antes de decidir si requiere una lectura intensiva.

Modelos de comprensión lectora

Los estudiosos, los profesores y los investigadores tienen una comprensión variada de los modelos de comprensión lectora. De ahí que sea necesario reconocer la historia que hay detrás de los modelos de comprensión lectora. "La noción de que puede haber un único modelo para la lectura en todas las tareas, géneros y propósitos es dudosa" (Hudson259-270). Los hallazgos recientes en el campo de la investigación sobre la lectura han ayudado a formular los siguientes modelos, a saber

- Modelos ascendentes
- Modelos descendentes
- Modelos interactivos

Modelo ascendente

El modelo convencional ascendente fue inclinado y dictado por el psicólogo conductista de principios de los años 60. El aprendizaje se basa en "la formación de hábitos, provocada por la asociación repetida de un estímulo con una respuesta" (Omaggio73-124).El modelo caracteriza el aprendizaje como "sistema de respuesta que los humanos adquieren a través de un proceso de condicionamiento automático", en otro contexto "algunos patrones de lenguaje son reforzados (recompensados) por la comunidad de usuarios del lenguaje que persisten" (Omaggio 73-124). Pearson y Stephens consideraron que "la lectura se consideraba a mediados de la década de 1960 como un proceso perceptivo: primero, los alumnos decodifican las letras de un texto impreso en sonidos y, después, escuchan estos sonidos y comprenden las palabras" (22-47). En otras palabras, la lectura se comparó con la escucha, que también es una habilidad receptiva. En ambas habilidades, el ojo funciona como decodificador del material, antes de comprenderlo. De este modo, la lectura se convirtió en un requisito previo para que los facilitadores enseñaran fonética a los alumnos que carecen de ella y tienen dificultades de comprensión.

Un ejemplo popular es la teoría ascendente de Gough que denota que "la lectura se ve como un proceso lineal en el que las letras se identifican una a una y luego se convierten en sonidos" (661-685). En este modelo, la comprensión se produce en el alumno con conciencia fonémica y no hay necesidad de conocimientos previos. Aquí los alumnos se dirigen a las palabras y a los textos para lograr la comprensión.

La teoría ascendente del modelo de LaBerge y Samuels habla de la indentación y decodificación de las palabras. El modelo resta importancia a la decodificación de las palabras para la comprensión. Y en este modelo, los alumnos tienen cuidado al aprender una palabra nueva o una palabra difícil en el texto, lo que molesta directamente su comprensión. LaBerge y Samuels infieren que "es posible prestar atención a una cosa a la vez; sin embargo, es posible procesar varias cosas al mismo tiempo si se hacen automáticamente sin necesidad de prestar atención". Una de las desventajas es que la teoría bottom -up no tiene la flexibilidad de otros modelos.

Modelo descendente

A finales de la década de 1960, se produjeron cambios en los puntos de vista de las teorías del aprendizaje de idiomas con la aparición de las ciencias cognitivas. La teoría cognitiva aportó nuevas ideas sobre cómo la primera lengua del alumno tenía un gran impacto en la adquisición del inglés como segunda lengua. Muchos estudiosos y psicólogos presentaron "cómo se desarrolla esa representación interna de la lengua extranjera en la mente del alumno" (Omaggio 80- 120). Los modelos descendentes, comienzan con el orden superior del pensamiento al predecir, visualizar, conectar y luego asociar con el texto impreso ya sea para aceptar o rechazar.

"Los modelos descendentes enfatizan el papel del alumno como participante esencial en el proceso de comprensión lectora" (Alderson 460-472). El principal investigador que proyecta el modelo descendente es el modelo de lectura de Goodman. Confirma que la lectura está impulsada por conceptos, donde los alumnos conectan sus conocimientos y experiencias previas. El alumno lee el texto, intenta asumir y conducir un significado a partir de las frases o palabras. Los alumnos aceptan o rechazan sus suposiciones utilizando los conocimientos adquiridos. Goodman debate sobre "La lectura es un proceso selectivo; implica el uso parcial de las pistas lingüísticas mínimas disponibles, seleccionadas a partir del input perceptivo sobre la base de las expectativas del alumno. A medida que se procesa esta información parcial, se toman decisiones tentativas que se confirman, rechazan o refinan como procesos de lectura" (126-135).

La comprensión no puede derivarse de la percepción y el reconocimiento de las palabras y las frases, como se menciona en la teoría ascendente, sino que la comprensión es la habilidad para conocer las indicaciones necesarias para adivinar. Los alumnos pueden intentar utilizar algunas pistas del texto para predecir, pero si leen en voz alta o sustituyen las palabras, la sintaxis no puede cambiar, sigue siendo la misma. Esto puede ilustrarse de la siguiente manera, como se muestra en la figura.

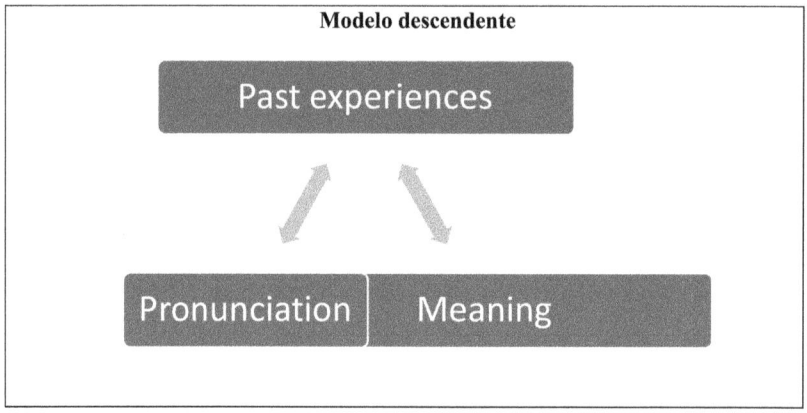

El modelo de Goodman también recibió críticas de los académicos. Mitchell infiere que "el modelo top-down no da suficientes detalles sobre el proceso de lectura" (91-101). Además, critica el modelo de Goodman afirmando que el estudio se realizó sobre las experiencias pasadas de los individuos, las intuiciones lingüísticas y las experiencias cuyas estrategias de lectura son diferentes. Mitchell duda que el modelo sea incompetente y que el alcance de la lectura fluida no esté enfocado como se muestra en la figura 2.1.

Asimismo, Samuels y Kamil debatieron sobre las insuficiencias del modelo descendente afirmando que "para muchos textos, el alumno tiene poco conocimiento del tema y no puede generar predicciones" (22-36). Además, Samuels y Kamil se enfrentaron a la debilidad del modelo afirmando que "la cantidad de tiempo necesaria para hacer predicciones, incluso para el alumno experto, es mayor que el tiempo necesario para descodificar e identificar las palabras" (24-36). En resumen, se desprende del modelo que es fácil para el alumno experto reconocer las palabras y hacer predicciones para conectar o desconectar. Por lo tanto, el modelo descendente no ha conseguido reflejar el patrón de lectura hábil.

Los modelos bottom-up y top-down son contradictorios entre sí. Aunque los modelos son igualmente especiales a su manera, lamentablemente ambos modelos no exponen el proceso de lectura. Para colmar esta laguna, se ha desarrollado un nuevo modelo, denominado modelo de lectura interactiva, para dilucidar en profundidad el proceso de comprensión lectora.

Modelo interactivo

Según Grabe, hay dos concepciones diferentes de la palabra interacción. En primer lugar, implica "la interacción que se produce entre el alumno y el texto, mediante la cual el alumno construye el significado basándose en parte en los conocimientos extraídos del texto y en parte en los conocimientos previos que posee" (226-262). A continuación, denota la interacción que se produce simultáneamente entre muchos componentes de las destrezas que dan lugar a la comprensión lectora. De ahí que el procedimiento *SQ3R (Survey, Question, Reading, Reciting and Reviewing)* sea aconsejado por Barry para prosperar la lectura intensiva de los alumnos. Afirma que el proceso de lectura se entiende como un conjunto de destrezas de identificación automática de bajo nivel y un conjunto de destrezas de comprensión/interpretación de alto nivel.

Los modelos interactivos procuran la visión del modelo ascendente y descendente. Stanovich fue uno de los académicos que se esforzó por fusionar las teorías bottom- up y top- down en un nuevo modelo. El modelo interactivo compensatorio de Stanovich, debate sobre: "Los modelos interactivos de la lectura parecen proporcionar una conceptualización más precisa de los rendimientos de la lectura que los modelos estrictamente descendentes o ascendentes" (360-406). Hudson argumentó que el modelo de Stanovich integra la noción de que "un déficit en uno de los componentes de las subhabilidades en la lectura puede causar una dependencia compensatoria en otra habilidad que está presente" (259-270). En sentido, cualquier discrepancia en el proceso se hará valer en los recursos secundarios, independientemente del grado del alumno.

El modelo de Stanovich tiene varios pasos en la lectura y la comprensión. Los alumnos divergentes que son lentos en el aprendizaje pueden saltarse una habilidad y aprender la otra. Por ejemplo, un alumno que es lento en la identificación de palabras, pero que tiene conocimientos de la materia, puede superar sus deficiencias apoyándose en sus conocimientos previos. Así pues, el modelo de Stanovich es muy útil y completo para lograr una mejor interacción y comprensión entre los alumnos lentos y desinteresados.

Perfetti proyectó la "teoría de la eficacia verbal, que consiste en procesos locales del texto y procesos de modelización del texto" (293-304). La teoría aclara que el alumno, para comprender el texto, puede utilizar su experiencia o conocimientos previos. Sin embargo, las teorías se aplican a los individuos en distintos niveles. La teoría de la eficiencia verbal de Perfetti afirma que las diferencias individuales en la comprensión lectora se producen por las diferencias en el funcionamiento eficiente del proceso local. La sinopsis de la teoría de la eficiencia verbal es que los procedimientos confinados conducen al rendimiento en la comprensión lectora.

Perfetti afirma además que "las debilidades en la descodificación pueden ser compensadas por otros procesos de comprensión, porque la comprensión lectora es el resultado de procesos que operan en muchos niveles diferentes" (293-304). El "modelo de lectura de Rumelhart es interactivo; intenta combinar los modelos Bottom -up y Top -down. Los modelos interactivos dan prioridad a los conocimientos previos del alumno y proporcionan una comunicación visual en la mente del alumno. Dado que la lectura tiende un puente entre la percepción y la cognición, se infiere una distinción entre dos modelos tradicionales diferentes" (123-56). El alumno lee el texto con un conjunto de experiencias o expectativas previas sobre la información que se ofrece en el material y que se hace evidente en el input visual.

Por otro lado, al escribir, los escritores piensan que "los alumnos compondrán el significado del texto y, al mismo tiempo, los alumnos leerán el texto con la expectativa de que tenga suficientes pistas e información para transmitir el mensaje que el autor pretende", esto es lo que proponen (Pearson y Tierney 144-173) en su modelo de lectura y escritura. La comprensión se produce mientras el alumno florece en la decodificación. Por lo tanto, el alumno no puede ser considerado como un creador o compositor de sí mismo. El alumno manifiesta su posición a veces como desarrollador, escritor y autor.

Del mismo modo, el alumno, como editor, trabaja como examinador para asegurarse de que ha llegado a las proposiciones correctas. Por último, el alumno actúa como monitor sobre los tres roles anteriores y coordina el trabajo entre ellos. El modelo se centra en el alumno reflexivo con los cuatro roles interactivos de planificador, compositor, editor y monitor. Como planificador, el alumno crea objetivos, moviliza los conocimientos existentes y decide cómo alinearse con el texto. Como compositor, el alumno busca la coherencia y a menudo necesita rellenar los huecos con inferencias sobre las relaciones dentro del texto. En el papel de editor, el alumno se aleja y examina sus interpretaciones en desarrollo. Simultáneamente a los tres roles anteriores, el alumno actúa como ejecutivo o monitor. De los tres papeles mencionados sobre el alumno, el papel de monitor designa y dicta otros papeles en el proceso general de lectura (Hudson 75-77).

La mayoría de los modelos de lectura deben utilizarse en función del grupo destinatario. Depende del profesor de inglés en el aula elegir el modelo más adecuado para el conjunto de alumnos. Eskey y Grabe sostienen que "los modelos de lectura tienen poco que ofrecer a los alumnos de segunda lengua porque son modelos del 'ideal', en el sentido de que siguen siendo pasivos en la entrega de subhabilidades, mientras que el alumno de segunda lengua sigue siendo un alumno en desarrollo con lagunas y limitaciones y, por lo tanto, necesita una atención especial" (3-23). La conclusión que se extrae es que los modelos no iluminan el uso de los procesos ascendentes y descendentes para lograr la comprensión; mientras que cuando se trata de alumnos divergentes.

Un buen alumno es consciente del objetivo de la lectura de un texto. Por lo tanto, normalmente utiliza las siguientes estrategias al leer un texto.

Las subhabilidades de la lectura

La habilidad receptiva de la lectura consta de muchas subhabilidades. Un lector experto suele utilizar todas las subhabilidades en el aprendizaje. Algunas de las subhabilidades de la lectura son las siguientes:

a. Desnatado

Nuttall definió el "skimming" como un vistazo rápido a un texto para determinar su esencia, por ejemplo para decidir si un trabajo de investigación es relevante para nuestro propio trabajo... o para mantenernos informados superficialmente sobre asuntos que no son de gran importancia para nosotros" (49). El skimming ayuda al alumno a ahorrar su tiempo y a buscar sólo la sinopsis del material auténtico. Urquhart y Weir también consideran que "el skimming es la "lectura por lo esencial" (102). El skimming es el proceso de lectura rápida para obtener un significado global o general del texto. El lector recorre los párrafos o las páginas para llegar a una comprensión amplia del texto, tratando de identificar los puntos principales. El método es útil para promocionar un texto impreso, resume el proceso de pensamiento de un texto elegido seguido de una lectura meticulosa.

Grellet refleja que hojear es "una actividad más completa, ya que requiere una visión global del texto e implica una competencia lectora definida" (19). Del mismo modo, Williams afirma que "el propósito de hojear es simplemente ver de qué trata un texto. ...El alumno hojea para satisfacer una curiosidad muy general sobre el texto, y no para encontrar la respuesta a preguntas concretas" (96-97). Urquhart y Weir señalan que "los propósitos del hojeo son establecer un sentido general del texto" (213). El skimming permite al alumno buscar ideas generales, además de las principales, mientras lee el texto.

b. Escaneo

La exploración es una introspección rápida de un texto. Pugh dice que "escanear es encontrar una 'coincidencia' entre lo que el alumno busca y lo que el texto le proporciona" (53). Al escanear, sólo se administra una información limitada para una acción instantánea. El escaneo implica hojear las páginas para llegar a una idea muy aproximada de lo que puede contener el texto, o para decidir si el texto contiene lo que él/ella está buscando específicamente. Es la técnica que se utiliza normalmente al hojear las páginas de una guía telefónica. El lector hojea rápidamente para encontrar un nombre concreto o un diagrama relacionado con una hoja de trabajo determinada que tiene a mano. La gente suele hojear el preámbulo o el preludio de cualquier novela o libro de texto.

La característica más importante de la exploración, según Urquhart et. al., es que "se descarta cualquier parte del texto que no contenga los símbolos preseleccionados" (103). La exploración consiste en observar nombres, información, datos o cualquier otra evidencia específica del texto seleccionado. Williams cita el escaneo como "la lectura de puntos concretos de información" (107). Al escanear el texto, el alumno suele comprender la organización del contenido escrito por el autor.

c. **Predicción**

La predicción es "la facultad de pronosticar o adivinar lo que vendrá después, haciendo uso de la pista gramatical, léxica y cultural" (Grellet 17). La palabra predecir significa suponer o adivinar lo que puede ofrecer el texto. Se trata de una corazonada inteligente sobre los acontecimientos que probablemente ocurrirán. Greenall y Swan dicen que "predecir es saber qué información es nueva para el alumno y qué información ya conoce sobre el texto" (3).

Las predicciones de los acontecimientos futuros o de la historia en el texto se inician en la técnica de comprensión del alumno. McDonald denomina la predicción como una teoría y afirma que permite a los alumnos "adelantarse siempre a la llegada de la estructura superficial" (54). Nuttall aclara que "la predicción es una especie de compartir las presuposiciones del escritor, y el alumno que más comparte estas presuposiciones podrá pensar junto con el escritor y utilizar su propia experiencia para resolver las dificultades" (13). El título del libro, el índice, la introducción, las reseñas en la contraportada del libro, etc. también ayudan en este proceso. Se trata de una estrategia útil porque puede guiar al alumno en su lectura y anticipar lo que probablemente encontrará en el texto.

d. Inferencia

Grellet señala que "la inferencia es el uso de pistas sintácticas, lógicas y culturales para descubrir el significado de elementos desconocidos" (14). Es un método para que el alumno llegue a ciertas conclusiones a partir de las evidencias o realidades extraídas del texto. Durante el proceso de inferencia los alumnos despliegan su cognición para interpretar el texto directa o indirectamente. La inferencia es una herramienta importante para que los alumnos comprendan el texto y hace que el proceso de lectura sea más rápido y divertido porque "su carácter de resolución de problemas atrae a la mayoría de las personas y desafía a los alumnos a hacer uso de su inteligencia" (Nuttall 114).

e. Vista previa de

"La previsualización es una destreza de lectura muy específica; es una técnica rápida para averiguar dónde se encuentra la información necesaria" (Grellet17- 18). El proceso consiste en mirar el título del texto, el contenido, el preámbulo, el preludio, los capítulos, la redacción. La lectura previa es muy productiva para los alumnos. Les proporciona la información anticipada y también valora su tiempo. Esta técnica puede ser cultivada instintivamente por los alumnos al previsualizar un libro o un artículo de periódico o una revista. Algunos textos se prestan bien a ser visualizados. Es decir, si el alumno puede "ver" el texto en acción, podrá comprenderlo mejor. Esto implica seguir los pensamientos del escritor que forman parte de la acción o del escenario construido en el texto.

f. Anticipación

La anticipación es el proceso de desarrollar pensamientos, opiniones y expectativas previas sobre el contenido de cualquier texto escrito o impreso antes de comenzar la acción de leer. Grellet afirma que "la anticipación en la lectura motiva a los alumnos a leer". Además, afirma que los alumnos comienzan a leer un libro con el fin de encontrar una serie de cosas en él: información específica, ideas y respuestas a una serie de preguntas" (96). Los alumnos suelen anticipar que el texto les proporcionará los pensamientos calculados.

La anticipación es esencial para los alumnos. Es la anticipación la que impulsa a los alumnos a leer el texto completo sin romperse. Watson infiere que "para ayudar a la comprensión global de los alumnos, permitiendo así que el profesor se concentre en los nuevos elementos del lenguaje, la anticipación sirve de apoyo" (137). Permite a los alumnos utilizar estrategias de cognición en el texto de lectura, concentrarse en los nuevos conceptos, conectar con los conocimientos previos, interactuar con los compañeros e implicarse en la lectura del texto. En algunos casos, la expectación conduce a la decepción de los lectores.

Identificar la organización del texto

Identificar la organización del texto es distinguir y asumir "cómo se unen las oraciones para formar párrafos, cómo los párrafos forman el pasaje y cómo se señala esta organización" (Greenall et. al., 3). En caso de que el alumno no sea capaz de identificar u organizar la configuración del texto, puede encontrar dificultades para conectar los conceptos. La habilidad de identificar el marco textual ayuda a los alumnos a interpretar las frases y también les permite comprender materiales textuales complejos. Nuttall reconoce que "si se puede identificar el principio por el que se organiza el texto y ver cómo se unen las ideas, es más fácil interpretar las frases difíciles" (106).

Los alumnos pueden recibir una formación interna sobre el reconocimiento de los patrones de texto. (Grellet 19- 21) ha mencionado algunos:

- Rechazo de información no relacionada
- Identificar la frase temática y el tema
- Diferenciar las visiones generales y las declaraciones explícitas
- Proyecto de conclusión
- Proporcionar información de retorno
- Aclarar las dudas

Otras subhabilidades de orden superior de la lectura son:

- Evaluación detallada
- Decidir sobre las pruebas y las ideas
- Identificar las preferencias
- Conocer el ritmo, la actitud, el estilo del escritor
- Reacciones individuales al texto
- Evaluación de la respuesta
- Pensar diferente
- Entender los conflictos

Características de la lectura intensiva

La lectura intensiva también se conoce como lectura detallada. Brown define "la lectura intensiva como aquella que llama la atención sobre las formas gramaticales, los marcadores del discurso y otros detalles de la estructura superficial con el fin de comprender el significado literal, las implicaciones, las relaciones retóricas y otros aspectos similares" (393). En este caso, la atención se centra en captar gran parte de la información y la coherencia entre ellas de forma exhaustiva. Normalmente se exige a los estudiantes que estudien sus libros de referencia y los materiales del curso de esta manera. (Brown 395- 491) representa las características de la lectura intensiva de la siguiente manera:

- ✓ Orientado a los estudiantes
- ✓ El estudiante se entrega a la lectura
- ✓ El estudiante puede centrarse en las habilidades lingüísticas
- ✓ Los estudiantes aprenden nuevo léxico
- ✓ Los alumnos releen el texto para ganar en claridad
- ✓ Los estudiantes mejoran las habilidades gramaticales como los modismos, las frases, el discurso, los enlazadores
- ✓ Los alumnos tienen ganas de leer dentro del aula

Ventajas de la lectura extensiva

La lectura extensiva suele realizarse para obtener un significado global o general del texto. Por ejemplo, algunos empresarios leen un gran número de periódicos y revistas para conocer las tendencias del mercado. Además, algunas personas disfrutan leyendo una amplia gama de materiales, como novelas, cuentos y artículos de revistas sobre una gran variedad de temas. Puede que lo hagan por gusto o para ampliar su perspectiva de la vida en general. Se dice que estas personas son "muy leídas". Gracias a sus amplias lecturas, pueden dar su opinión sobre numerosos temas y participar en debates. Según (Jeremy Harmer 210) existen ventajas de la lectura extensiva sobre los estudiantes, a saber

- ✓ El progreso de los estudiantes en la lectura
- ✓ Los alumnos adquieren confianza en la lectura
- ✓ La perspectiva de los estudiantes sobre la lectura cambia

✓ Los estudiantes se motivan para leer más

Factores que influyen en el proceso de lectura de los alumnos divergentes

La lectura es un proceso crítico para algunos alumnos lentos en un aula heterogénea; los alumnos lentos suelen denominarse alumnos divergentes que tardan en pensar, en comprender las variables del texto dado. Estas variables difieren de un alumno a otro en la comprensión. Los alumnos divergentes tienen las capacidades potenciales para participar en el currículo académico, pero tienen algunas dificultades en la cognición y la mente pre ocupada que no permite a los alumnos prosperar en las aulas tradicionales. Runco sugirió que "un estilo de aprendizaje divergente no es completamente sinónimo de capacidad creativa". "Es sólo un componente de la creatividad, a pesar de que las pruebas de pensamiento divergente son psicométricamente fiables y ampliamente empleadas como estimaciones de la potencialidad creativa" (12-30). Los alumnos divergentes no son estudiantes excepcionalmente brillantes, sino que no pueden reaccionar inmediatamente a cualquier respuesta en una clase convencional debido a sus inhibiciones y vacilaciones.

Alderson sostiene que "la comprensión lectora es un proceso cognitivo complejo que puede verse afectado por diferentes variables. En función de su origen, estas variables pueden dividirse en tres grupos principales. El primer grupo de variables está relacionado con el alumno, el segundo grupo principal de variables está relacionado con el texto, y el tercer grupo está relacionado con las variables de prueba" (460-472).

Variables del alumno

En la lectura el alumno ocupa la posición de protagonista. El alumno no se considera un aprendiz pasivo, sino un lector dinámico en el procedimiento de comprensión lectora. Las estrategias que los alumnos utilizan al procesar el texto han sido objeto de un considerable examen, superando en cierta medida los intentos anteriores de establecer las capacidades de descodificación del texto. La experiencia física e intelectual del alumno se tiene en cuenta al procesar el texto con el reconocimiento de palabras. En los enfoques descendentes, el alumno contribuye con el texto visual y la interpretación, mientras que algunos de los alumnos versátiles varían su participación debido a sus conocimientos previos, su fluidez lingüística, su vocabulario y su base en la lengua inglesa.

La teoría de los esquemas y los esquemas

La teoría de los esquemas tiene un impacto directo en el modelo descendente. Esta teoría hace hincapié en el proceso de lectura, en el que se espera que los alumnos conecten las experiencias previas con el texto. Todos y cada uno de los alumnos presentes en la clase tienen un trasfondo diferente en términos de cultura, sociedad y economía. La teoría de los esquemas fue establecida por Gestalt Bartlett, quien investigó cómo un alumno, al repetir un contexto de la memoria, intenta asociar el texto con sus normas culturales o tradicionales. Anderson señala que "todo acto de comprensión implica también el conocimiento del mundo" (369).

La teoría de los esquemas acepta que el texto no es portador del significado deseado, sino que es el manuscrito el que lleva al alumno a deducir un significado fructífero. En la comprensión lectora, la teoría de los esquemas actúa como intercesora entre el texto y los conocimientos previos del alumno. En un texto seleccionado, el autor no proporciona todos los detalles. El autor espera que el lector arrastre la información asociándola a sus conocimientos previos. Por tanto, la teoría del esquema también apoya la inferencia. Por ejemplo, si el alumno recibe la información de que un determinado personaje del texto fue al mercado, compró las verduras y pagó la cuenta. Esto implica que, durante el transcurso de la acción, también podrían haber ocurrido muchos otros episodios. En el ejemplo anterior, "el mercado" es el esquema para el alumno. "El esquema se refiere al conocimiento de las formas en que se presentan los diferentes géneros" (Richards et al. 405). La teoría de los esquemas es significativa en la enseñanza de las habilidades de lectura. La teoría denota cómo el conocimiento está envuelto en diferentes patrones llamados "Schemata". Y son los esquemas los que inducen a los alumnos a comprender el texto con sus experiencias y afiliaciones pasadas. La teoría de los esquemas posee variables que permiten instruir al dominio cognitivo para recordar y reconectar. Permite a los alumnos ser creativos y curiosos sobre el texto que leen.

Esquema cultural

Yule infiere que "los esquemas culturales se desarrollan en el contexto de nuestras experiencias básicas" (87). El esquema cultural es muy popular entre los estudiantes en una multitud heterogénea. El esquema cultural ayuda a los alumnos a conectar muy fácilmente con la información que se da en el texto. Ambas convenciones en el alumno pueden dar lugar a una comprensión positiva o negativa. Por ejemplo, cuando un estudiante indio lee sobre la cultura africana, su modelo de matrimonio, los esquemas se ven afectados por el conocimiento desconocido.

Muchas investigaciones demuestran que la capacidad de los alumnos para comprender el texto con un esquema cultural puede ser controlada por los profesores mediante el uso de estrategias de lectura eficaces. El vínculo entre la cultura y el texto que lee el alumno es muy importante. A menudo tiende a recibir prejuicios de la cultura a la que pertenece. Además, en un estudio realizado en el aula de los estudiantes universitarios, se distribuyó un texto sobre dos temas diferentes pertenecientes a distintas regiones, los estudiantes ampliaron sus conocimientos con los esquemas culturales en la mente y con la nueva información proporcionada en el texto.

Variables de texto

Las variables del texto pueden favorecer o perjudicar la comprensión lectora. Todo el proceso de comprensión lectora depende de las variables del texto. Las variables del texto escrito o impreso pueden ser la sintaxis, el léxico o el propio contexto. El resultado de las variables textuales en la lectura es facilitar a los alumnos la conciencia lingüística y de los fonemas. Las variables textuales también tienen un papel importante a la hora de influir en la capacidad de comunicación de los alumnos en un aula heterogénea.

Disposición del texto

La disposición del texto es la plasmación física de la lengua, con una longitud, unas columnas, un tamaño, un color y un interlineado variados, y tiene una influencia en la motivación para comprender el texto. La disposición simple del texto con un sujeto y una cláusula es muy apreciada en el aprendizaje de los alumnos divergentes. La investigación ha revelado que la disposición del texto tiene un pensamiento optimista en los estudiantes al intentar las tareas de comprensión de la lectura. Los diferentes medios de escritura han influido en el aspecto del texto. Los alumnos suelen disfrutar aprendiendo con frases sencillas que con frases complejas. Asimismo, los párrafos más cortos son más fáciles de leer que los largos.

Conciencia y enfoques de la metacognición

Los enfoques metacognitivos conciencian a los alumnos para que destaquen en sus habilidades lectoras. John Flavell distingue las estrategias metacognitivas en tres grupos;

- ✓ Información sobre los antecedentes del individuo
- ✓ Flexibilidad en la lectura
- ✓ Plan sobre el uso de estrategias

La información sobre los antecedentes individuales se refiere a los antecedentes del alumno sobre sus potenciales de aprendizaje y sus conocimientos sobre la materia.

La flexibilidad en la lectura se refiere a los conocimientos que poseen los alumnos al comprender el texto y la disposición a aceptar el texto seleccionado. El plan de uso de estrategias se refiere al uso de estrategias metacognitivas y de lectura según la necesidad de la tarea.

Fórmulas metacognitivas

a. Afirmar el conocimiento - Es el conocimiento real que los estudiantes conocen, puede ser probado, hablado o escrito. Por ejemplo, en una clase de ciencias, el alumno tendrá el conocimiento fáctico de que el agua toma la forma del recipiente, pero no tiene forma propia. Del mismo modo, en el aprendizaje de la destreza lectora, los alumnos tratan habitualmente de relacionar los conocimientos precisos con el texto que leen.

b. Conocimiento técnico - Es el conocimiento práctico sobre cómo realizar una acción o seguir las instrucciones dadas. Por ejemplo, como conocer las fórmulas y calcular las sumas. "Monitorear la selección y aplicación así como los efectos del proceso de solución y regular la corriente de actividad de solución que representa" (Kluwe 201-224). El conocimiento práctico metacognitivo facilita tanto la supervisión como el control del proceso de pensamiento del alumno. En las estrategias metacognitivas hay una técnica de toma de decisiones aplicada por los alumnos (Browns 94-107). Los procesos de pensamiento en la mente del alumno le ayudan a tomar ciertas decisiones que le asisten:

➢ Para reconocer el módulo
➢ Controlar el desarrollo de las competencias
➢ Para evaluar el crecimiento
➢ Prever el resultado
➢ Utilizar la estrategia adecuada en la tarea

- Para fijar el plazo
- Decidir los pasos a seguir para completar la tarea
- Para poner la pasión
- Para ajustar la velocidad en la lectura

Estas son las diferencias entre el conocimiento asertivo y el técnico en las estrategias metacognitivas. Sin embargo, ambas informaciones ayudan a los alumnos a adquirir las habilidades suficientes para realizar la tarea y tomar decisiones.

c. Conocimiento cualificado - Es el conocimiento sobre cómo y cuándo utilizar una estrategia o habilidad. Si no se sigue, habrá repercusiones en la estrategia o en el alumno. Por ejemplo, si se da un pasaje de lectura a los alumnos para que encuentren el escenario de fondo del pasaje, el alumno tiene que aplicar una estrategia. Si no, el alumno no reconoce la parte intrínseca del texto seleccionado. Todo el género no es similar; la información técnica de un texto de geografía varía de la información asertiva del texto. Es necesario enseñar a los alumnos las principales diferencias entre el conocimiento asertivo, el conocimiento técnico y el conocimiento práctico. Además, los estudiantes de la licenciatura necesitan saber cómo utilizar estrategias en la composición escrita, aprendiendo nuevos vocabularios y otras estructuras gramaticales.

Características de la metacognición

"Las experiencias metacognitivas implican el uso de estrategias metacognitivas o de regulación metacognitiva" (Brown 94). Las estrategias metacognitivas son acciones progresivas que determinan las actividades cognitivas en la mente para comprender el texto seleccionado. Esta serie de acciones ayudan al alumno a controlar, supervisar y planificar las estrategias cognitivas con suficiente antelación. Así que las pautas metacognitivas, guían a los alumnos en la cognición para controlar el proceso de pensamiento antes de aplicarlo en el texto seleccionado, (Brown 95-107). Por ejemplo, después de leer una frase de un texto, el alumno puede pensar en el contenido y empezar a cuestionarse. Una de las estrategias metacognitivas habituales es el autocuestionamiento. La desconexión se produce con el texto y el lector cuando el alumno es incapaz de encontrar soluciones a las preguntas que se impone. Para llevar a cabo esta tarea, es necesaria la estrategia cognitiva. Así, los alumnos, con la ayuda del profesor, pueden volver a leer el texto con el objetivo de encontrar las respuestas. Por lo tanto, la estrategia metacognitiva del autocuestionamiento está implícita para confirmar el propósito cognitivo de la comprensión.

(Flavell 906-911) presentaron las estrategias de metacognición con cuatro módulos, tal como se muestra en la figura:

- Conciencia metacognitiva
- Familiaridad metacognitiva
- Objetivos de las asignaciones
- Actividades y enfoques

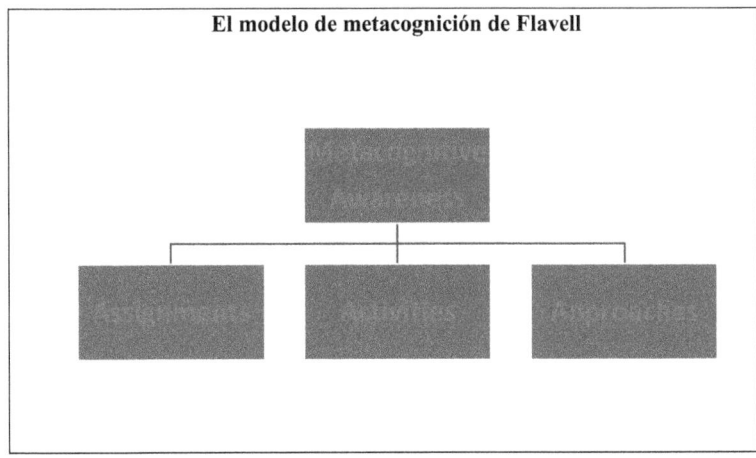

El modelo de metacognición de Flavell

"La metamemoria implica dos procesos, el primero supervisa el progreso a medida que el individuo aprende y el segundo realiza cambios y adopta diversas estrategias si la persona cree que no lo está haciendo bien" (Nelson y Narens 1-25).

Martínez (696- 699), plantea el funcionamiento de la Metacognición de la siguiente manera:

- ✓ Metamemoria
- ✓ Metacomprensión
- ✓ Resolución de problemas
- ✓ Pensamiento crítico

a. Metamemoria

Uno de los componentes de la metacognición es el conocimiento de las propias capacidades de memoria y de las estrategias que pueden ayudar a la memoria, así como de los procesos implicados en la autovigilancia. Esta autoconciencia de la memoria tiene importantes implicaciones en el modo en que las personas aprenden y utilizan los recuerdos. Al estudiar, por ejemplo, los estudiantes juzgan si han aprendido con éxito el material asignado y utilizan estas decisiones, conocidas como "juicios de aprendizaje", para asignar el tiempo de estudio. Así pues, la metamemoria se refiere a la conciencia del conocimiento que tiene el alumno sobre sus propios sistemas de memoria y a las estrategias para utilizar sus recuerdos de forma eficaz. La metamemoria incluye:

(a) Conocimiento de las diferentes estrategias de memoria

(b) Conocimiento de la estrategia a utilizar para una tarea de memoria concreta

(c) Conocimiento de cómo utilizar una determinada estrategia de memoria de forma más eficaz

b. Metacomprensión

"La metacomprensión es la capacidad de controlar el grado en que los alumnos pueden comprender la información que se les comunica, reconocer los fallos, comprender y emplear estrategias de reparación cuando se identifican los fallos" (Harris, et al., 506-509). Para los alumnos divergentes, el uso de las técnicas de metacomprensión consiste en leer el texto completo sin comprender el concepto. "La metacomprensión evitará los conceptos erróneos, la incertidumbre y proporcionará diversas estrategias de lectura como observar la frase temática, conectar y comprender" (Harris, et al., 510-512).

Las habilidades de metamemoria y metacomprensión ayudan a los alumnos a autorregularse. Ambas técnicas facilitan que los alumnos se controlen a sí mismos sin ningún impulso externo. Los alumnos también aprenden a emplear estrategias por sí mismos sin ninguna inhibición. La mejora se refleja en su rendimiento académico. Los alumnos disfrutan del proceso de las tareas de comprensión lectora.

c. Resolución de problemas

En la estrategia cognitiva, la resolución de problemas desempeña un papel fundamental. La estrategia de resolución de problemas se utiliza en la lectura de materiales textuales especialmente complejos. La resolución de problemas ayuda a los alumnos a analizar textos difíciles y les hace pensar. Las dos preguntas más llamativas que siempre surgen en la mente de los estudiantes durante la cognición son las siguientes:

- ✓ Como estudiante, ¿qué intento?
- ✓ ¿Funcionará mi enfoque en el texto?
- ✓ ¿Voy a tener éxito?

d. Pensamiento crítico

El pensamiento crítico consiste en evaluar los pensamientos, opiniones y puntos de vista del autor. Al igual que la técnica de resolución de problemas, hay varias normas que se aplican al pensamiento crítico. Aquí el alumno se interroga sobre

- ¿Se explica claramente el concepto?
- ¿Hay una secuencia lógica en el concepto?
- ¿Cómo demuestra el texto un concepto?
- ¿Hay pruebas para aceptarlo?
- ¿Se pueden cuestionar las excepciones?

El proceso de pensamiento crítico implica que el alumno piense de forma crítica e interactúe con las palabras de diversas maneras. El pensamiento crítico convierte a los alumnos pasivos en alumnos activos. El pensamiento crítico proporciona a los alumnos información detallada sobre el texto citando ejemplos, escribiendo notas, destacando los puntos principales, reflexionando sobre los nuevos conceptos y creando curiosidad. También existe una variación entre la lectura crítica y el pensamiento crítico. En la lectura crítica, el alumno busca nuevas ideas e información de un texto seleccionado, mientras que en el pensamiento crítico el alumno evalúa los nuevos pensamientos, la información obtenida para aceptarla o refutarla. Pero en las estrategias metacognitivas ambas trabajan juntas y se asocian entre sí. Por lo tanto, los estudiantes son capaces de lograr la estrategia con éxito en un aula metacognitiva habilitada como se muestra en la figura:

El modelo de funcionamiento metacognitivo de Michel E. Martínez

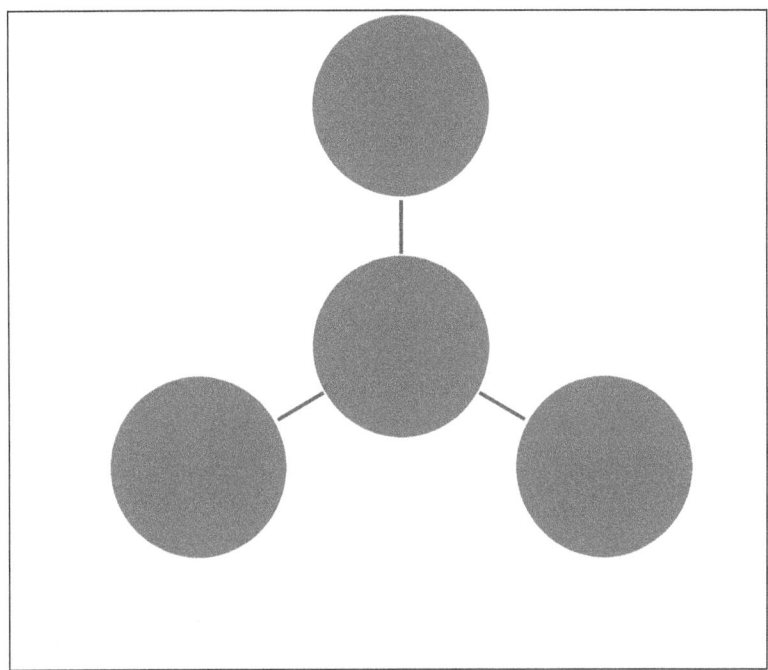

Estrategias de metacognición

Taylor define la metacognición como "una apreciación de lo que uno ya sabe, junto con una correcta aprehensión de la tarea de aprendizaje y de los conocimientos y habilidades que requiere" (134-136). La habilidad metacognitiva es la interfaz entre el alumno y el texto. Los estudiantes con habilidades metacognitivas están muy centrados y organizados en la obtención de nueva información. (Flavell et.al. 231- 238) representa las estrategias metacognitivas de la siguiente manera:

✓ Examen del texto

✓ Preparación y planificación

✓ Observación y comprobación

✓ Evaluación

✓ Reestructuración

- ✓ Replicación
- ✓ Presentación

A partir de las estrategias mencionadas, los alumnos se implican en la planificación meticulosa y en la aplicación de las estrategias adecuadas para lograr la eficacia en la lectura y el aprendizaje, como se muestra en la figura :

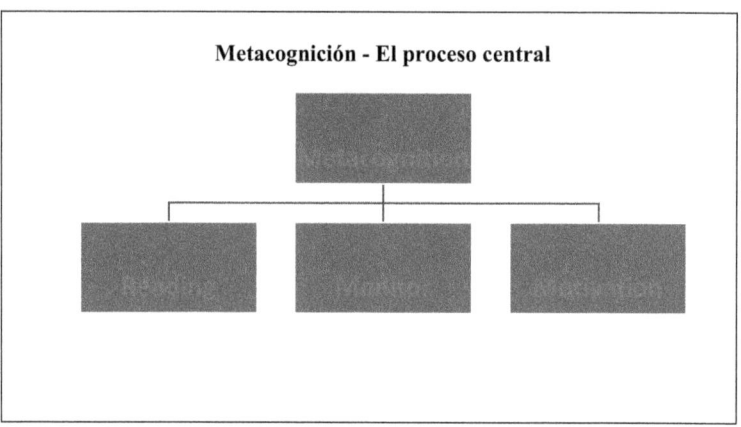

Examen de la simbolización del texto

- ➤ Clasificar el texto dado
- ➤ Examinar los conocimientos previos del alumno
- ➤ Explicar el propósito de la lectura
- ➤ Reflexionar sobre el contexto
- ➤ Contemplar los conceptos
- ➤ Estudiar el nivel de motivación de los alumnos
- ➤ Decidir las rúbricas de evaluación
- ➤ Gobernar la ansiedad

Preparación y planificación

- ➤ Calcular el plazo
- ➤ Diseñar y decidir el calendario

- ➤ Establecer prioridades
- ➤ Crear un plan de acción
- ➤ Clasificar los materiales auténticos
- ➤ Construir los hitos necesarios para aplicar las estrategias de aprendizaje

Observación

- ➤ Reproducir el proceso de lectura
- ➤ Seguir las directrices de las estrategias
- ➤ Monitorización por interrogación
- ➤ Autoevaluación
- ➤ Responder a las consultas
- ➤ Mantener el entusiasmo
- ➤ Muy motivado

Evaluación

- ➤ Recopilación de información correcta
- ➤ Evidencias
- ➤ Comprobación de los objetivos
- ➤ Evaluación de los problemas
- ➤ Mejorar las decisiones

Replicación y presentación

- ➤ Crear el hábito de la práctica
- ➤ Interactuar sin inhibición
- ➤ Obtener respuesta y realizar modificaciones
- ➤ Flexibilidad en la adaptación de nuevos conceptos
- ➤ Mente abierta para aceptar nuevas situaciones
- ➤ Asignación de pensamientos

Nuevas tendencias en estrategias metacognitivas

Los estudiantes disfrutan del proceso de utilizar las habilidades metacognitivas, a través de esta estrategia se convierten en aprendices independientes. Una vez que los estudiantes de grado se convierten en aprendices independientes, inculcan el hábito de otras subhabilidades. El facilitador tiene que obligar, evaluar y medir el nivel del alumno de forma regular. El concepto principal de la metacognición es la supervisión periódica del pensamiento de los alumnos. Se trata de un proceso dinámico en el que tanto el alumno como el facilitador tienen que intercambiar el método, como se muestra en la figura:

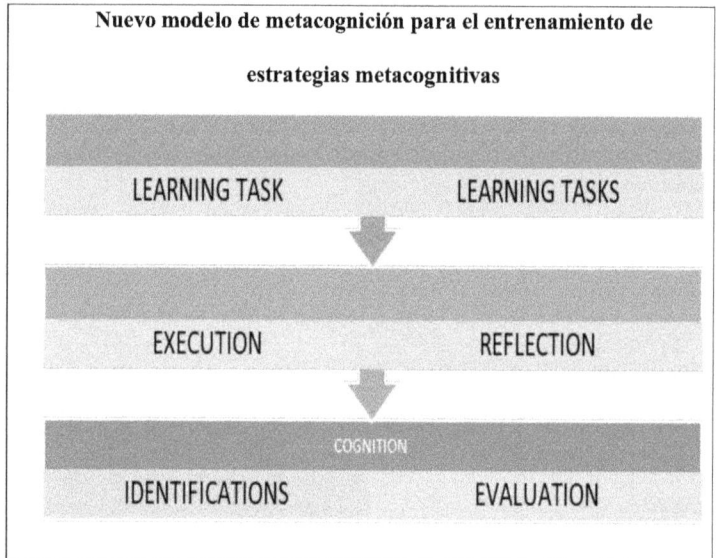

Como se ha dicho, la terminología Metacognición se refiere a un orden superior de pensamiento. Implica la participación activa del alumno. La planificación, el seguimiento, la evaluación y la retroalimentación forman parte del módulo metacognitivo. La teoría de la metacognición tiene las siguientes técnicas para tener éxito, son:

➢ Identificación de los inconvenientes

- ➤ Explicación del problema
- ➤ Organizar una estrategia para las dificultades
- ➤ Explicación sobre las dificultades
- ➤ Proporcionar módulos correctos
- ➤ Observando
- ➤ Evaluar

Conocimiento de diferentes estrategias

Las investigaciones realizadas a lo largo de los años han demostrado que los profesores pueden utilizar estrategias de metacognición para mejorar las habilidades de lectura. En otras palabras, cuanto más enseñen los profesores a los alumnos sobre el pensamiento y cómo pensar mientras aprenden, su aprendizaje será eficaz en el proceso de lectura. (O'Neill316- 330) afirma algunos factores interesantes sobre cómo las estrategias metacognitivas y las habilidades de lectura se integran de las siguientes maneras en el aula:

- ✓ Encontrar la complejidad
- ✓ Nombre de la complejidad
- ✓ Parafrasear la palabra o frase compleja en otras más fáciles
- ✓ Recordar y recapitular todo el texto
- ✓ Anticipar el material auténtico que puede alterar la dificultad
- ✓ Animar y motivar regularmente

Mientras se comprende un texto o un pasaje, se requiere la conciencia metacognitiva y la regulación del propio pensamiento durante el proceso de lectura. En otras palabras, las estrategias metacognitivas en la lectura implican pensar en su pensamiento mientras realiza una tarea de lectura y gestionar su propio aprendizaje. El conocimiento metacognitivo o conciencia metacognitiva comprende el conocimiento de la persona, de la tarea y de los componentes de la estrategia que afectan a la cognición. El conocimiento de las variables comprende el conocimiento de los individuos sobre las diferentes estrategias. "Si uno puede alimentar el proceso de iniciativa lectora, operar conscientemente sobre sus patrones de lectura, puede reconocerse como lector" (Harri-Augstein, et.al. 3).

Las estrategias metacognitivas van de la mano con el proceso de lectura; el primer factor que el profesor asegura es la planificación y la preparación de los estudiantes para leer de manera efectiva. El segundo factor es el uso de estrategias correctas y apropiadas según la necesidad del momento. El tercer factor es supervisar a los alumnos durante y después de la lectura de un texto. El cuarto factor es permitir que los alumnos piensen, interpreten y den sus percepciones. El quinto factor es evaluar las estrategias de lectura utilizadas por los alumnos y darles sugerencias.

Se afirma que un alumno eficaz utiliza sus conocimientos previos para dar sentido al texto mediante la planificación, el seguimiento y la evaluación de las estrategias de lectura metacognitivas necesarias. De hecho, un buen alumno emplea toda una serie de estrategias combinadas de forma consciente y decidida. Por lo tanto, los estudiantes de idiomas deberían recibir formación en estrategias de lectura metacognitivas en las aulas. Los programas de enseñanza de la conciencia de las estrategias deberían estar a disposición de los alumnos. Fisher infiere que "los profesores utilizan la evaluación formativa para mejorar los métodos de instrucción y proporcionar retroalimentación a los estudiantes a lo largo del proceso de enseñanza y aprendizaje" (15).

Los profesores de idiomas, los educadores y los diseñadores de planes de estudio en el ámbito del aprendizaje de idiomas deberían ser conscientes de que las habilidades de lectura pueden enseñarse explícitamente mediante actividades innovadoras con estrategias metacognitivas. Se puede sugerir una enseñanza inequívoca, una concienciación y una experiencia necesaria con estas estrategias para mejorar la comprensión. En este sentido, los profesores de inglés deberían enseñar a los alumnos regularmente un amplio repertorio de estrategias de lectura metacognitivas de forma explícita con prácticas y tareas de lectura para ayudarles a obtener el significado del texto y convertirse en buenos aprendices.

Aprendizaje divergente y metacognición

Las destrezas metacognitivas ayudan sorprendentemente a los alumnos divergentes a dedicarse a la lectura y a convertirse en alumnos independientes. Las estrategias metacognitivas facilitan que los alumnos divergentes disfruten del proceso de lectura sin inhibiciones. "La metacognición permite a los alumnos hacerse cargo de su propio aprendizaje. Implica tomar conciencia de cómo aprenden, evaluar sus necesidades de aprendizaje, generar estrategias para satisfacerlas y, a continuación, ponerlas en práctica" (Hackeret.al.23-36).

La metacognición apoya a los alumnos divergentes de la siguiente manera:

- ✓ Los alumnos divergentes comprenden su nivel de memoria y formulan el apoyo periférico
- ✓ Comprender la estrategia adecuada
- ✓ Autocomprobación
- ✓ Comprender con un propósito claro
- ✓ Distinguir entre hojear y escanear
- ✓ Ganar competencia lingüística
- ✓ Autoevaluación
- ✓ Mejorar en el ámbito académico
- ✓ Mejorar la gramática, el vocabulario y la escritura

✓ Convertirse en un estudiante independiente

"Los estudiantes con fuertes habilidades metacognitivas son aprendices activos e independientes capaces de auto-reflexión, planificación y regulación. La escritura reflexiva podría relacionarse con el uso de la página como un lugar de encuentro en el que las ideas pueden entremezclarse y dar lugar a nuevas ideas para nuevos aprendizajes, Moon (17)." Así, se puede incurrir en que para todo tipo de alumnos las estrategias metacognitivas funcionan bien. La práctica persistente de la lectura puede hacer que incluso los alumnos divergentes sean excelentes en lo académico y también extender el hábito de la lectura extensiva. En la mente de un alumno divergente la estrategia metacognitiva funciona como se muestra en la figura:

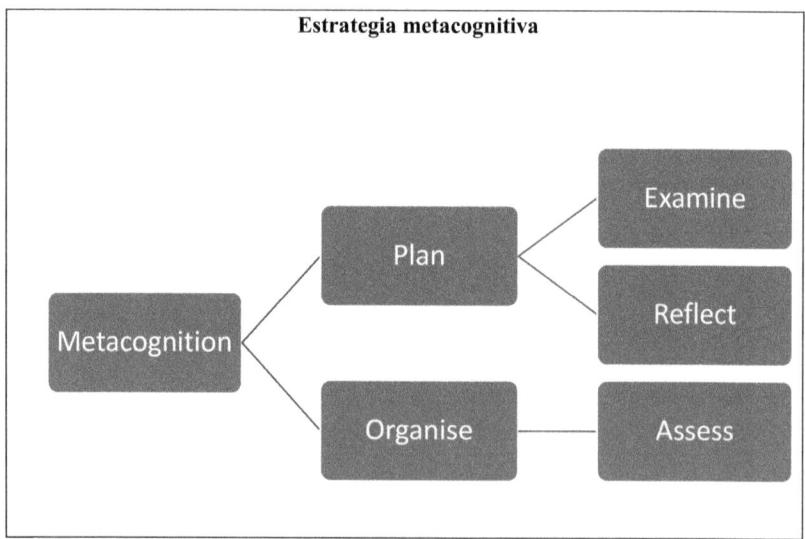

Resumen

La lectura es una habilidad receptiva. Un buen estudiante en cualquier clase sabe el propósito de la lectura del texto y por lo tanto utiliza estrategias metacognitivas para una mejor comprensión. La metacognición se ha convertido en una de las estrategias más utilizadas en el campo de la educación. Ha abierto el camino a una pedagogía innovadora y a interesantes sesiones de clase. La mayoría de los estudios no sólo se centran en las diferencias relevantes de las estrategias utilizadas entre los buenos y los lentos lectores, sino que insisten en la conciencia de utilizar la Metacognición. La práctica persistente de la lectura utilizando las teorías puede hacer que incluso los alumnos divergentes sobresalgan en el ámbito académico y también que se extienda el hábito de la lectura extensiva.

CAPÍTULO III

METODOLOGÍA

Introducción

Los logros educativos en la India están muy estratificados por la clase social. Existe una fuerte relación entre la riqueza de la familia y los resultados educativos. Los antecedentes socioeconómicos de un estudiante aumentan para ser una parte en la consecución de los resultados más altos en el sector educativo. Los colegios e institutos marcan una gran diferencia en la forma de enseñar a los alumnos de diferentes orígenes. Esto también puede afectar a la capacidad de un estudiante para percibir la educación, mientras que la evidencia está siendo proporcionada por muchas escuelas y colegios de este hecho. Se observa que la capacidad no es una concepción fija, sino que se ve como un logro flexible y previo a través de modelos metacognitivos, como se muestra en la figura :

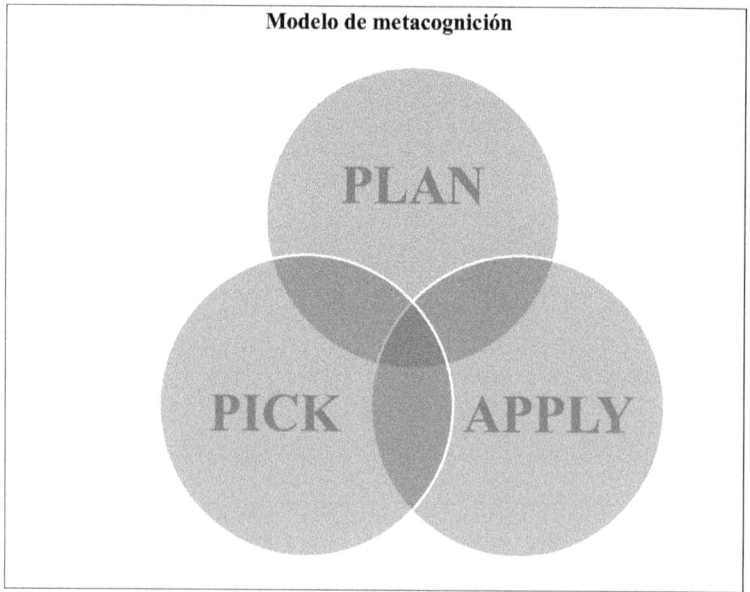

Dispositivos utilizados para el estudio

a. Prueba de pre-lectura

b. Módulos

c. Estrategias de lectura metacognitivas

d. Actividades innovadoras

e. Prueba de lectura posterior

f. Cuestionario

g. Debates en grupo

Prueba de pre-lectura

El Pre-Test es una evaluación introductoria para conocer el nivel del alumno en una materia concreta. La prueba se realiza en los grupos experimentales para medir el nivel real de competencia. Los datos de la prueba previa a la lectura se utilizan para formular los módulos en función de los requisitos y las dificultades de los alumnos divergentes.

Módulos

Se preparan 45 módulos innovadores con estrategias metacognitivas para formar al grupo heterogéneo de estudiantes de grado. Los módulos están cuidadosamente preparados con pasajes de lectura de diferentes géneros, con un nivel de dificultad que se incrementa gradualmente utilizando estrategias de lectura. Los módulos responden a las necesidades técnicas y profesionales de los estudiantes de grado.

Prueba de lectura posterior

La postlectura es una prueba que se realiza tras la finalización de un curso o de un módulo de instrucciones. Es la conjunción con la prueba de pre-lectura para medir y reconocer la eficacia y los criterios de éxito del logro del módulo.

Cuestionario

Un cuestionario es un conjunto de preguntas sobre un tema concreto, dirigidas a entender y conocer las actitudes, opiniones y percepciones de las personas de un grupo asignado. El cuestionario se utiliza para obtener datos del grupo destinatario tras la realización de los módulos de lectura y la prueba de postlectura.

Narrativa de los participantes

El estudio consta de 250 estudiantes. La población de la muestra estaba formada por los estudiantes de grado de la Universidad REVA que pertenecían a diversas partes del sur, el norte y el noreste de la India. Los estudiantes eran hombres y mujeres de entre 17 y 19 años. La mayoría de sus padres trabajaban en el sector privado; unos pocos estudiantes tenían un historial de agricultura y cultivo. También había estudiantes cuyos padres pertenecían a la sociedad oprimida. El grupo heterogéneo estaba formado por estudiantes con actitudes de aprendizaje, rasgos de personalidad y comportamientos divergentes que se utilizaron como encuestados, como se muestra en la figura:

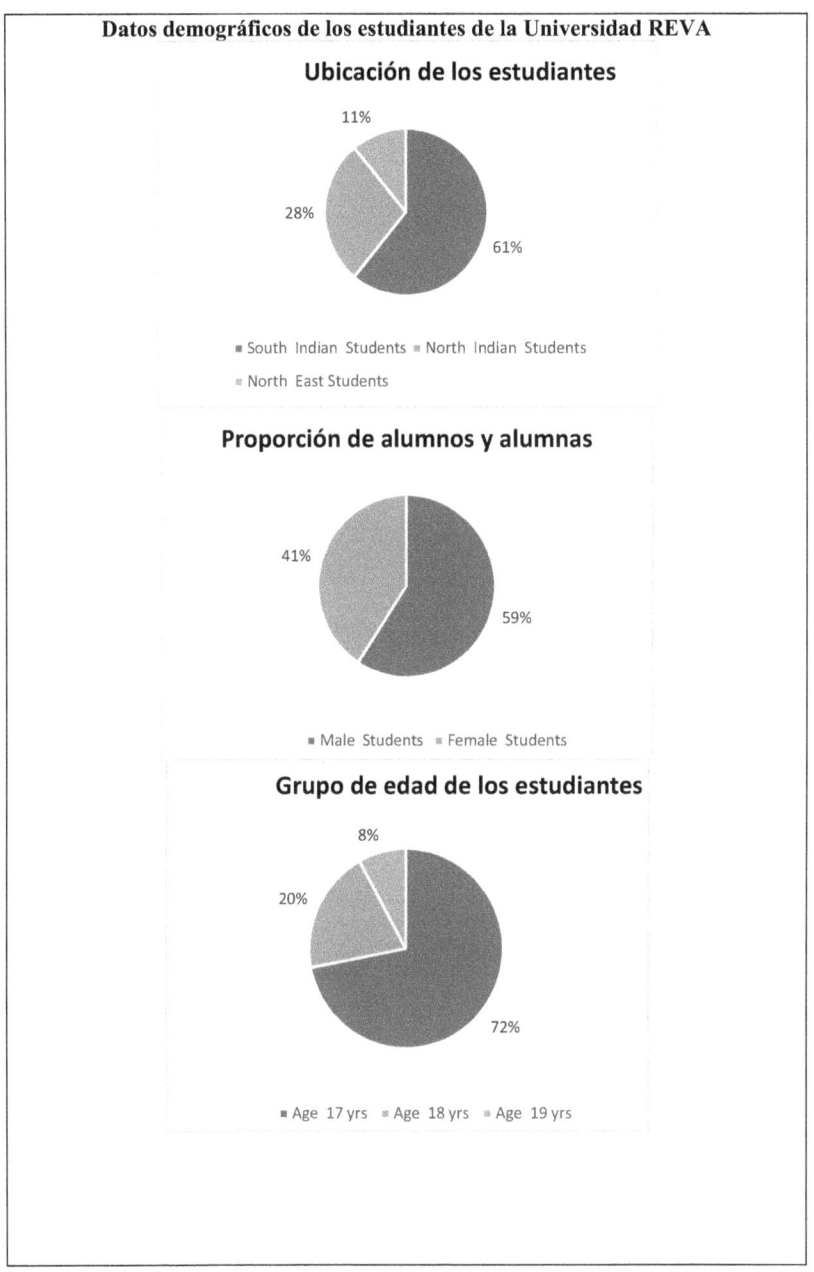

Se prepararon módulos detallados utilizando estrategias metacognitivas innovadoras para mejorar las habilidades de lectura después de analizar los resultados de la prueba previa. Se administraron 45 módulos durante unas 60 horas consecutivas durante dos semestres completos, que incluían enseñanza, formación, actividades, debates en grupo e interacción que ayudaban a mejorar las habilidades de lectura metacognitivas de los estudiantes. El investigador se centró en la identificación de las ideas principales de un pasaje de lectura, la paráfrasis, la précisa, el resumen, e implementó actividades basadas en el vocabulario, la expresión oral, la comprensión auditiva, la gramática y la pronunciación. Una vez completados los módulos, se realizó una prueba posterior para medir el desarrollo de los estudiantes en la mejora de las habilidades de lectura a través de estrategias metacognitivas.

Se preparó un cuestionario para reconocer y mostrar en medidas el progreso real de los estudiantes después de dar un curso de instrucción sobre estrategias de lectura metacognitivas. Los cuestionarios se distribuyeron entre los estudiantes. Se llevó a cabo una discusión de grupo en cada clase para obtener e interpretar sus actitudes sobre los módulos que les ayudaron a desarrollar sus habilidades de lectura metacognitiva.

Actividades innovadoras con estrategias metacognitivas

Actividad: Resultado revelado

Tarea - Leer para inferir

Objetivo: El objetivo es conocer el significado del texto y mejorar la habilidad del alumno para hacer inferencias.

Estrategias: Predecir, cuestionar y finalmente sacar una conclusión.

Nivel: Estudiantes universitarios

Duración: 60 minutos

Recursos: Basado en la narración, descripción, información y entretenimiento,

Ejemplo: Un pasaje sobre la juventud fumadora

Procedimiento: Envíe por correo el pasaje de muestra a los alumnos el día anterior y al día siguiente indíqueles que lean el pasaje como parte de la actividad de prelectura, junto con el escaneo del texto. Permita a los alumnos predecir ideas y preguntas sobre por qué la gente fuma. La lectura de un manuscrito sobre "las enfermedades causadas por el tabaquismo" podría implicar un ejercicio de lectura previa con una serie de instrucciones. Una actividad posterior a la lectura podría consistir en escribir un párrafo sobre los contras del tabaquismo o los efectos nocivos del tabaco en la sociedad.

Evaluación: Evalúe a los estudiantes en cuanto a la capacidad de conectar la información y sacar conclusiones a través del pasaje.

Los alumnos serán capaces de proporcionar el propósito del autor, la predicción y dar una conclusión adecuada. Los alumnos mejoran sus habilidades de interrogación y mejoran su pensamiento utilizando la estrategia metacognitiva al inferir el pasaje.

Actividad: Tema de entrada y tema de salida

Tarea - Leer para encontrar el Tema

Objetivo: El objetivo es adivinar el tema del pasaje de muestra dado.

Estrategias: Monitorizar, predecir y evaluar utilizando las estrategias de lectura metacognitivas.

Nivel: Estudiantes universitarios

Duración: 60 minutos

Recursos: Periódico con artículos específicos sobre temas sociales, calentamiento global y deportes

Procedimiento: Para la actividad de Tema dentro y Tema fuera, divida a los alumnos en 5 grupos de 10 alumnos cada uno. Entregue a cada equipo un artículo de periódico diferente, para que controlen la frase temática, predigan y evalúen el tema durante un periodo de tiempo determinado. Después de la actividad, indique a cada equipo que proporcione un tema basado en su lectura.

Evaluación: Evaluar a los alumnos en el establecimiento de conexiones entre la oración temática y la oración subordinada. Evaluar la habilidad de cognición y lectura de los estudiantes.

Se comprueba cómo los alumnos relacionan sus conocimientos previos con la información proporcionada en el texto y la información sobre la sociedad. Se anima a los alumnos a compartir cuándo y cómo ha cambiado su forma de pensar utilizando las estrategias.

Actividad: Síntesis de planos

Tarea -Formar una síntesis

Objetivo: El objetivo de este módulo es orientar a los alumnos durante la lectura para que realicen una síntesis sobre el texto leído.

Estrategias: Síntesis, predicción

Nivel: Estudiantes universitarios

Duración: 60 minutos

Recursos: Pasajes de lectura con dibujos o imágenes

Procedimiento: La enseñanza de la síntesis es un proceso en el que se ayuda a los alumnos con las estrategias metacognitivas para que piensen en lo que se está leyendo en el aula y se centren en el significado del texto. Los folletos del pasaje de muestra se distribuirán a cada alumno de la clase. Durante el proceso, detenga a los alumnos periódicamente y permita que compartan sus pensamientos, opiniones y predicciones para hacer una síntesis del texto leído. Los alumnos comprenden fácilmente con los dibujos, las imágenes o los diagramas que aparecen en el texto para lograr nuevas percepciones.

Evaluación: Evalúe si los alumnos son capaces de centrarse en el texto y de establecer conexiones con las imágenes o fotografías dadas. Evalúe en base a su descripción del texto, interpretaciones y puntos de vista.

Anime a los alumnos a compartir cuándo y cómo cambió su proceso de pensamiento. A estas alturas, los alumnos se detienen automáticamente a menudo, piensan en lo que leen antes de formarse una opinión.

Actividad: Hacer parientes

Tarea - Utilizar el texto visual para hacer asociaciones

Objetivo: El propósito de este módulo es utilizar el texto visual para hacer asociaciones con un texto dado.

Estrategias: Estrategias de lectura con cognición.

Nivel: Estudiantes universitarios

Duración: 60 minutos

Recursos: Un texto visual elegido con un tema

Procedimiento: Proporcione a los alumnos los folletos del texto visual con el mismo fondo. Permita que los estudiantes vean el texto visual y luego lo interpreten con las estrategias metacognitivas para hacer asociaciones. El facilitador puede demostrar

cómo hacer asociaciones tanto con los pensamientos en la mente como con las representaciones visuales. Pida a los alumnos que compartan sus dibujos o notas y expliquen las conexiones en grupos.

Evaluación: Evaluar a los alumnos directamente con las presentaciones que realicen o con los escritos sobre el texto visual. Evalúe también a los alumnos haciéndoles diferenciar el personaje principal del texto a través de las conexiones que hayan hecho.

Todo el proceso consiste en hacer asociaciones en la mente y luego explicar el contexto.

Actividad: Mapa de la historia

Tarea - Crear la tira de acontecimientos principales que sucedieron en la historia.

Objetivo: El objetivo de este módulo es enseñar a los alumnos la técnica para situar la secuencia de acontecimientos principales.

Estrategias: Leer, encontrar, recoger

Nivel: Estudiantes universitarios

Duración: 60 minutos

Recursos: Se pueden dar historias famosas como "Alicia en el país de las maravillas", "Cenicienta", etc. (véase el apéndice 5)

Procedimiento: Divida a los alumnos en cinco grupos. Inicialmente, entregue a cada grupo la fotocopia de la historia y luego pida a los alumnos que lean la historia. Indique que busquen un acontecimiento importante que haya ocurrido en la historia. En cada grupo se puede elegir a un representante de los estudiantes para que muestre el acontecimiento en primer lugar, posteriormente se indica a los estudiantes del grupo que escriban los acontecimientos en el orden correcto.

Evaluación: Evaluar al alumno en el momento, ya que el módulo se realiza en cinco grupos diferentes. Proporcionar periódicamente a los estudiantes retroalimentación para desarrollar la habilidad de leer con velocidad y eficiencia.

En la misma tarea, los alumnos también pueden participar en un juego de roles; cada uno de ellos representa un determinado personaje y narra el acontecimiento en la secuencia.

Actividad: Texto enigmático

Tarea - ¿Cómo preguntar?

Objetivo: El propósito de este módulo es enseñar a los alumnos a cuestionar el texto para darse cuenta de su significado.

Estrategias: Leer, preguntar, hablar

Nivel: Estudiantes universitarios

Duración: 60 minutos

Recursos: Se puede elegir un pasaje de lectura que tenga muchas preguntas

Procedimiento: Distribuya los folletos del pasaje elegido a los estudiantes en el aula y explique las estrategias de lectura y cuestionamiento. Facilite a los estudiantes la habilidad de preguntar y haga que el lector piense en las ideas presentadas en el pasaje. Motivar a los alumnos para que levanten la mano cuando se les ocurra una pregunta y pedirles que hablen delante de la clase. Esto no sólo ayuda a pensar y cuestionar, sino que también ayuda a los alumnos a deshacerse del miedo escénico.

Evaluación: Evalúe a los estudiantes en cuanto al uso de las estrategias de lectura con Metacognición para cuestionar y pensar en las ideas del texto. Camine por el aula y discuta con los estudiantes sobre sus preguntas y anímelos con la esperanza de que la habilidad de cuestionar mejore su comprensión.

Actividad: Carruajes

Tarea - Deducir los personajes, los conflictos y el escenario

Objetivo: El objetivo de esta tarea es comprender e inferir los personajes principales.

Estrategias: Ambientación, conflicto, retrata acontecimientos e imágenes importantes.

Nivel: Estudiantes universitarios

Duración: 60 minutos

Recursos: Textos elegidos sobre Narraciones como "El búho y el pájaro azul", "Tres peces", etc.

Procedimiento: En la actividad mencionada, explique a los alumnos claramente cómo utilizar las estrategias de lectura para comprender los personajes principales, el escenario y el conflicto que se plantea en la historia. Por ejemplo, envíe por correo el pasaje de lectura a los alumnos. En el aula, mientras se lee el texto, pida a los alumnos que tomen nota de los personajes significativos. Enseñe a los alumnos a leer entre líneas para resumir el conflicto y el clímax.

Evaluación: Evaluar la actividad posterior a la lectura en la que se pide a los alumnos que pongan todas sus ideas juntas en una cesta, como el Tren lleva los vagones, para que los alumnos saquen los personajes significativos, los conflictos y el clímax juntos. Los alumnos también pueden compartir sus vagones con sus compañeros y aprender de forma colaborativa.

Actividad: Volver Respuesta

Tarea - Leer y repetir

Objetivo: El objetivo de este módulo es que cada alumno responda a la pregunta

Estrategias: Repetición, mejorar la concentración y la capacidad de memoria.

Nivel: Estudiantes universitarios

Duración: 60 minutos

Recursos: Pasaje de lectura general sobre Disciplina y preguntas basadas en él.

Procedimiento: La actividad se realiza de forma secuencial; prepare un conjunto de preguntas preparadas basadas en el pasaje de lectura. Se lee el pasaje en voz alta en la clase, se impone una pregunta a un alumno concreto del texto y se pide al alumno vecino que repita la pregunta hecha al alumno anterior. El proceso continúa hasta que el último alumno tiene la oportunidad de responder. Esta tarea requiere concentración y capacidad de memoria.

Evaluación: Evaluar a los alumnos en función de su capacidad de concentración y de retención. Se puede dar a los estudiantes suficiente entrenamiento antes de realizar la evaluación. Muchos de los estudiantes que tienen poca capacidad de retención mejoran su capacidad de memoria con esta actividad y también aumentan su curiosidad por la lectura. Las preguntas pueden modificarse en función del nivel de los alumnos.

Ejemplo: Texto sobre la disciplina básica

- ¿Es mi disciplina uniforme para todos?
- ¿Soy consciente de mi mal comportamiento?
- ¿Hay alguna forma de fomentar el buen comportamiento?
- ¿Qué importancia tiene para mí el cambio?
- ¿Son correctas mis expectativas?

Actividad: Socios desconocidos

Tarea - Este es un módulo para revisar los verbos irregulares del texto dado.

Objetivo: El objetivo de esta actividad es averiguar las parejas de verbos irregulares.

Estrategias: Memorización, posiciones, estructuras.

Nivel: Estudiantes universitarios

Duración: 60 minutos

Recursos: Cualquier pasaje que contenga verbos irregulares

Procedimiento: Antes de anunciar la tarea a los alumnos, los profesores deben hacer una lista de todos los verbos irregulares del texto elegido y, a continuación, entregar los folletos. Explique a los alumnos el número de parejas irregulares ocultas o desconocidas dentro del texto. Agrupe a los alumnos en 5 equipos y entregue el mismo texto a todos los grupos y fije un tiempo límite. Al final del plazo, pida a cada alumno del grupo que nombre el verbo irregular o lo escriba en la pizarra. Continúe lo mismo hasta que se lea el último verbo irregular.

Evaluación: Evalúa a los estudiantes en su habilidad de lectura así como en la gramática funcional. Al tratarse de una actividad de grupo, los alumnos pueden participar sin ningún tipo de inhibición. La actividad puede ser adaptada por todos los estudiantes para mejorar los componentes gramaticales.

Ejemplos
- Traer Traer
- Comprar Comprado
- Encontrar Encontrado
- Voló
- Sit Sat
- Dibuja a Drew

Actividad: Apreciar la metáfora y el símil

Tarea - El módulo dado es para mejorar y apreciar el uso de la metáfora y el símil en el texto.

Objetivo: El objetivo de este módulo es identificar y apreciar el significado de la metáfora y el símil en el pasaje dado.

Estrategias: Identificar, apreciar.

Nivel: Estudiantes universitarios

Duración: 60 minutos

Recursos: Frases con metáforas y símiles

Procedimiento: Indique a los alumnos la importancia de la metáfora y el símil en la escritura descriptiva. Explique que el símil es la comparación que utiliza las palabras "como" o "como". Escriba el ejemplo en la pizarra "Está tan ocupada como una abeja". Del mismo modo, diga a los alumnos que la metáfora es una palabra que compara dos cosas, lugares, animales o incluso personas. Escribe el ejemplo en la pizarra;
"El aula era un zoo cuando estaba el profesor sustituto".

Proporcione una tarea para apreciar y reconocer los recursos literarios metáfora y símil. Indique a los alumnos que tomen sus cuadernos y escriban dos símiles y metáforas sobre los Zombies. El profesor debe ayudarles a desarrollar su comparación y a convertirla en una metáfora y seguir demostrando esta comparación según sea necesario. Una vez terminada la tarea, pida a los alumnos que entreguen los cuadernos para su evaluación.

Evaluación: Revisar a los alumnos sobre la comparación realizada sobre el zombi y el dominio de los símiles y las metáforas. Proporcione a los alumnos una retroalimentación sobre el terreno. A los buenos alumnos se les puede encargar una tarea previa de comparación y redacción de un párrafo o un poema. Los profesores pueden utilizar estas técnicas para comparar los símiles y las metáforas y su importancia en cualquier texto.

Actividad: Ríete con el vocabulario

Tarea - Este módulo se imparte para mejorar la forma efectiva de aprender los significados de las palabras.

Objetivo: El objetivo de esta lección es ayudar a los alumnos a aprender nuevas palabras y su significado, así como el uso de palabras desconocidas.

Estrategias: Conocimientos previos, lectura, perforación.

Nivel: Estudiantes universitarios

Duración: 60 minutos

Recursos: Pasaje de lectura sobre el consumo de alcohol en la sociedad griega clásica, (referirse al apéndice 7).

Procedimiento: Entregue a los alumnos los folletos del pasaje elegido. Explique las estrategias para aprender nuevas palabras y sus significados, el uso de palabras desconocidas utilizadas en un texto antes de la experiencia de lectura. Hacer que los alumnos comprendan la importancia de aprender y utilizar nuevo vocabulario tanto en la escritura como en la expresión oral en lengua inglesa. Motivar a los alumnos para que levanten la mano si se cruzan con una palabra nueva en el texto dado, primero iniciar el proceso de cognición y hacer que el alumno piense en la nueva palabra. La mayoría de los alumnos aprenden la estrategia de pensar y adivinar la respuesta, mientras que a los lectores con dificultades se les explica el significado de la palabra y su uso.

Evaluación: Evaluar a los alumnos sobre las nuevas palabras que han aprendido utilizando la estrategia. El alumno es capaz de recordar, asociar y mejorar el nuevo vocabulario al hablar y escribir.

Las estrategias de metacognición se utilizan especialmente como estrategia eficaz para aprender nuevo vocabulario. Es presumiblemente valiosa para ampliar el vocabulario y aprender nuevas jergas, y también se ha utilizado con éxito para enseñar todos los demás géneros de la lengua inglesa. La principal ventaja de las estrategias de cognición es recordar y memorizar las palabras del vocabulario.

Actividad: Adivínalo dentro y fuera

Tarea - Un módulo de mini lección para ayudar a los estudiantes a aprender la predicción en la lectura.

Objetivo: El objetivo de este módulo es ayudar a los estudiantes a desarrollar habilidades de pensamiento de alto nivel.

Estrategias: Hacer predicciones al leer literatura.

Nivel: Estudiantes universitarios

Duración: 60 minutos

Recursos: Relato corto de literatura inglesa

Procedimiento: Distribuya la copia impresa del cuento en el aula. Pida a los alumnos que revisen la portada, la contraportada y la página de contenido en primer lugar. Indique a los alumnos que predigan el tema después de esta actividad, la mayoría de las predicciones serán inexactas pero motive a los alumnos a utilizar las técnicas metacognitivas para predecir. Durante la actividad de lectura, introduzca lentamente el uso de imágenes y símbolos en el texto y pida a los alumnos que vuelvan a predecir. Revise las predicciones de los alumnos y felicite a los mejores.

Evaluación: Evaluar a los alumnos sobre la base de la utilización de estrategias de orden superior de pensamiento.

El objetivo de esta actividad es ayudar a los alumnos a centrarse en los posibles temas. La atención debe centrarse en las razones que sustentan sus predicciones, independientemente de la exactitud de las mismas. Tras la realización de la tarea, los alumnos fueron capaces de utilizar estrategias metacognitivas para hacer predicciones en el texto literario. La mayoría de los alumnos disfrutan de esta tarea, ya que se convierte en una actividad previa a la lectura, incluso antes de leer el cuento completo.

Actividad: Rompecabezas

Tarea - La actividad sobre el texto de la poesía y los cuentos.

Objetivo: El objetivo de esta tarea es ayudar a los alumnos a trabajar en grupo, leer el texto y compartir sus ideas.

Estrategias: Leer, compartir, escribir.

Nivel: Estudiantes universitarios

Duración: 60 minutos

Recursos: Colecciones de poemas o relatos cortos de la literatura inglesa (consulte el apéndice 8).

Procedimiento: En esta tarea, divida a los alumnos en grupos. Entregue a cada grupo de estudiantes un folleto con un poema o una pequeña historia. Dé 10 minutos a cada uno para debatir y leer el poema o parte de la historia. Anime a los alumnos a resumir el texto o el verso en grupos y a tomar notas. Dé la oportunidad a cada alumno de compartir sus ideas sobre el verso o la parte del texto, para que los demás alumnos obtengan más información sobre el mismo texto o los versos.

Evaluación: El método jigsaw es el método colaborativo de aprendizaje en el aula. Si la parte de cada alumno es esencial, entonces cada alumno es esencial; y eso es precisamente lo que hace que esta estrategia sea tan eficaz. En este módulo se evalúa a los alumnos individualmente con su idea y el esfuerzo que pone para tomar nota de ella.

Esta tarea permite que todos los miembros de la clase aprendan de forma colaborativa y aprendan todos los contenidos relevantes de la asignatura. Los alumnos son supervisados en el trabajo en equipo y en su comprensión del concepto.

Actividad: El mundo de las palabras

Tarea - La tarea se utiliza para aumentar las habilidades de anticipación a través de la actividad de adivinación de palabras.

Objetivo: El objetivo de este módulo es mejorar la habilidad de hojear y escanear.

Estrategia: Anticipación, adivinación de palabras.

Nivel: Estudiantes universitarios

Duración: 60 minutos

Recursos: Lectura de un pasaje sobre el Trastorno de la Lectura, (referirse al apéndice 9).

Procedimiento: Envíe a los estudiantes el pasaje de lectura del día anterior, pídales que lean en voz alta en la clase. Exponga a los alumnos a nuevos elementos de vocabulario como "mediador, orden, atractivo y sobresalir en" a través de la lectura del texto. En la actividad previa a la lectura, entrene a los alumnos para que adivinen las palabras inicialmente a través de la cognición. Los alumnos encontrarán la lección interesante porque el texto, que trata sobre el trastorno de la lectura, está relacionado con la vida de los alumnos, por lo que lo personalizarán fácilmente.

Evaluación: Evalúa a los estudiantes el número de palabras que han podido adivinar del pasaje y proporciona una retroalimentación instantánea.

Esta actividad ayuda a activar los esquemas de vocabulario de los alumnos relacionados con el tema y el trabajo en grupo aumenta la interacción entre los alumnos. La actividad de adivinar palabras proporciona a los estudiantes posibles elementos de vocabulario que pueden ver en el texto y les da la oportunidad de entender el tema en general. Esta actividad refuerza su capacidad de expresión oral porque el texto está directamente relacionado con la vida de los alumnos, por lo que les gusta hablar más sobre él.

Actividad: Acuñar nuevas palabras

Tarea - El módulo se realiza para ayudar a los estudiantes a concentrarse y responder a las preguntas.

Objetivo: El objetivo de este módulo es ayudar a los estudiantes a centrarse en las preguntas formuladas, analizar el texto.

Estrategias: Analizar, cuestionar, discutir.

Nivel: Estudiantes universitarios

Duración: 60 minutos

Recursos: Pasaje de comprensión lectora sobre Los Robots, (referirse al apéndice 10).

Procedimiento: Entregue a los alumnos los folletos del pasaje elegido y explique las estrategias para aprender nuevas palabras y sus significados. Utilice la estrategia de preguntas de la técnica de Metacognición, pida a los alumnos que elijan palabras del texto y respondan a la pregunta. Cuando se comparte cada palabra, los alumnos lentos o divergentes tienen la oportunidad de utilizar las palabras en la respuesta. Una vez terminada la tarea, se pide a los alumnos que entreguen los cuadernos para su evaluación.

Evaluación: Revise a los estudiantes sobre las comparaciones de palabras que han hecho y sobre las oraciones bien construidas utilizando con estructuras correctas. Proporcione a los alumnos la retroalimentación sobre el punto.

La mayoría de las pistas serán dadas por los estudiantes brillantes de la clase, sin embargo, los estudiantes divergentes pueden ser facilitados mediante el uso de las técnicas metacognitivas en las preguntas, lo que a su vez ayuda a escribir las respuestas correctas y proporcionar discusiones reflexivas.

Actividad: Charla sobre el papel

Tarea - La tarea se realiza para desarrollar la capacidad de comprensión y pensamiento crítico.

Objetivo: El objetivo de este módulo es desarrollar la capacidad de exploración y el pensamiento crítico.

Estrategias: Examen, análisis, pensamiento crítico.

Nivel: Estudiantes universitarios

Duración: 60 minutos

Recursos: Pasaje sobre el lavavajillas, (véase el apéndice 11).

Procedimiento: Distribuya los folletos del pasaje elegido y pida a los alumnos que conversen, que lean el pasaje, que piensen críticamente y que analicen el texto con la ayuda de sus compañeros. Esta actividad anima a todos los alumnos a participar activamente y a expresarse en el discurso. Comienza con un debate sobre la comprensión del texto y reflexiona sobre las ideas que aparecen en el mismo.

Evaluación: En esta tarea se da una retroalimentación inmediata. Los alumnos deben trabajar en grupos para escudriñar el texto y elaborar juntos las respuestas utilizando la cognición. Una vez completada la tarea, los alumnos serán capaces de construir el significado y de examinar críticamente las ideas y los conceptos que aparecen en el texto.

Actividad: Trato o no trato

Tarea - El módulo se ejecuta para crear confianza, para intentar textos más complejos y desafiantes.

Objetivo: El objetivo de este módulo es mejorar la habilidad de participar en la lectura y comprender material de lectura difícil y desafiante.

Estrategias: Participación, comprensión

Nivel: Estudiantes universitarios

Duración: 60 minutos

Recursos: Material de lectura complejo sobre Astronomía, (referirse al apéndice 12).

Procedimiento: Envíe el pasaje de lectura a los alumnos y dígales que piensen en lo que están leyendo. Se pide a los alumnos que hagan dos columnas en sus cuadernos. En la primera columna, se pide a los alumnos que respondan a las ideas complejas. Para aumentar su nivel de confianza se utilizan estrategias de lectura de metacognición. En la segunda columna, se pide a los alumnos que elaboren los pensamientos desafiantes que el autor ha mencionado en el texto. A continuación, el profesor da las respuestas en pequeños grupos y motiva a los alumnos para que compartan sus respuestas sin ningún tipo de miedo o inhibición.

Evaluación: Evalúe a los alumnos dándoles hojas de trabajo que contengan varias ideas complejas. Compruebe si los alumnos responden positivamente al intentar comprender dichos pasajes.

El hábito de la lectura se desarrolla en ellos con mucha confianza e interés. Los alumnos escriben para mostrar lo que han entendido en el texto y también lo muestran en lenguaje figurado. De este modo, su nivel de confianza aumenta para intentar textos más difíciles o desafiantes de cualquier género del inglés.

Actividad: Emparejar imágenes

Tarea - La tarea se realiza para ayudar a los alumnos a leer en voz alta con fluidez.

Objetivo: El objetivo de este módulo es ayudar a los estudiantes a mejorar la habilidad de leer en voz alta con buena fluidez.

Estrategias: Lectura, en voz alta, fluidez

Nivel: Estudiantes universitarios

Duración: 60 minutos

Recursos: Texto visual

Procedimiento: Redacte una hoja de trabajo con un grupo de imágenes y distribúyala entre un grupo de estudiantes. Asimismo, elabore otra hoja de trabajo con frases que se correspondan con las imágenes y distribúyala entre otro grupo de estudiantes. Ahora pida a un estudiante del grupo uno que muestre la imagen y al otro estudiante del grupo dos que lea en voz alta la frase correspondiente a la imagen. De este modo, todos los alumnos tienen la oportunidad de leer en voz alta sin ninguna inhibición.

Evaluación: Proporcione información instantánea a los alumnos sobre su rendimiento y su nivel de lectura. Los alumnos se animarán y se iniciarán en esta actividad porque es interesante y se divierten mucho.

El segundo nivel del mismo módulo se puede dar eligiendo un pasaje de un texto y los alumnos leen con mucha fluidez sin ninguna dificultad ni timidez. En el proceso de esta actividad los alumnos también mejoran su capacidad de pronunciación, su vocabulario y su capacidad de expresión oral.

Actividad: Volver a contar la historia

Tarea - La tarea consiste en leer una historia y volver a contarla.

Objetivo: El objetivo de este módulo es aumentar la capacidad de memoria y mejorar la habilidad de refuerzo de los alumnos.

Estrategias: Memoria, refuerzo

Nivel: Estudiantes universitarios

Duración: 60 minutos

Recursos: Historia corta sobre el Rey León

Procedimiento: Distribuya los folletos del cuento elegido y pida a los alumnos que lo lean individualmente. Se pide a cada alumno que recuerde los personajes de la historia y que narre la trama con sus propias palabras. Se premia al alumno que mejor lo haga para motivar a los demás a participar activamente en la tarea. Poner a prueba a los alumnos formulando diferentes tipos de preguntas basadas en el texto, como por ejemplo: verdadero/falso, preguntas de opción múltiple para captar los acontecimientos de la historia. Permita que los alumnos piensen, recuerden y luego proporcionen las respuestas de forma positiva.

Evaluación: Se debe proporcionar una retroalimentación y motivación constantes a lo largo de la tarea. Los estudiantes adquieren una buena capacidad de memoria a través de este módulo y también piensan fuera de la caja para recordar los eventos.

A los estudiantes les gusta leer y prosperan con este módulo que les anima y les permite aprender con diversión, sin tomarlo como una tarea pesada. El aumento de la capacidad de memoria les ayuda a aprender todas las demás asignaturas con facilidad y, por lo tanto, a mejorar en los estudios.

Actividad: Asociaciones de Vida

Tarea - La tarea se basa en mantener hábitos de lectura concentrados.

Objetivo: El objetivo de este módulo es que los alumnos sean capaces de mantener la lectura durante un periodo de tiempo determinado y hacer asociaciones.

Estrategias: Mantener la lectura, hacer asociaciones

Nivel: Estudiantes universitarios

Duración: 60 minutos

Recursos: Pasaje que contiene palabras asociadas a la vida, pasaje de ejemplo sobre la integridad en la vida

Procedimiento: Envíe el material de lectura a los alumnos. Indique a los alumnos que lean el pasaje, que identifiquen al menos tres palabras en el texto dado, que las enumeren y que escriban esas palabras que están asociadas a sus vidas. Dé a los alumnos tiempo para compartir las palabras delante de la clase y repita la acción hasta que todos los alumnos tengan la oportunidad de realizar la tarea. Este módulo ayuda a los alumnos a mantener una lectura concentrada durante un periodo de tiempo determinado.

Evaluación: Evaluar individualmente al alumno y ayudarle a dedicar tiempo a un texto concreto y a mantener el hábito de la lectura concentrada.

Esta estrategia ayuda a los alumnos a aprender y anotar palabras que están asociadas a su vida. Como el alumno es capaz de encontrar y enumerar las palabras del pasaje seleccionado, le permite mantener la concentración durante más tiempo. Indirectamente, el alumno desarrolla el hábito de la lectura y supera todas las demás subhabilidades del aprendizaje de la lengua inglesa. La implicación de esta técnica en el aula hace que muchos alumnos sientan curiosidad por aprender nuevas palabras y proporciona un gran apoyo en el aula.

Actividad: Colaborador

Tarea - La tarea se utiliza en la que dos estudiantes trabajan juntos para leer un texto asignado.

Objetivo: El objetivo de este módulo es introducir la estrategia de colaboración en la lectura conjunta.

Estrategias: Leer, colaborar, controlar

Nivel: Estudiantes universitarios

Duración: 60 minutos

Recursos: Un poema o un relato corto de literatura inglesa

Procedimiento: Al principio, empareje cuidadosamente a un alumno con un compañero. El emparejamiento debe hacerse identificando al alumno que requiere habilidades específicas y otro compañero podría supervisar al compañero. Distribuya los folletos del poema en la clase. Explicar la estrategia de que cada uno de ellos debe leer el texto por turnos, supervisar la acción de comprensión y proporcionar retroalimentación instantánea. Apoyar al alumno continuamente y corregirlo cuando lo necesite.

Evaluación: Evaluar a los alumnos de forma individual por medio de comentarios.

El módulo ofrece una gran oportunidad para que el facilitador circule, observe a las parejas de estudiantes en el aula y ofrezca corrección individual. Permite que los alumnos se turnen en la lectura y se proporcionen mutuamente retroalimentación como forma de controlar la comprensión. La tarea es un modelo de lectura fluida y ayuda a los estudiantes a aprender las habilidades de decodificación ofreciendo una retroalimentación positiva. El módulo también anima a los alumnos a dar respuestas personales y a compartir sus percepciones tras la lectura del texto.

Comparar y escribir

Tarea - La tarea refuerza la escritura académica después de la lectura.

Objetivo: El propósito de este componente es mejorar el marco de la escritura académica como los párrafos, los ensayos.

Estrategias: Escribir, parafrasear.

Nivel: Estudiantes universitarios

Duración: 60 minutos

Recursos: Un rotafolio de comparación y contraste

Vocabulary Exercise

In a while	At once	Impose	Chill out
For a while	Pass by	Off hand	Ascribe
Quite often	of no avail	Overcast	Go on
Quite	Worthwhile	Sigh of relief	Lisp
Similarly	After a long	Fond of	Stammer
Simultaneously	All the while	Unnecessarily	Whisper
Needless	Rip off	Knowingly	Totter
Continuously	Shirk	Unknowingly	Stumble
Continually	At large	Remind	Fumble
Negligence	Get in/on	Bring up	Peel off
Altogether	Get off	Materialize	Like anything
Put out	Stand by	Pass away	At last

Procedimiento: Cuelgue el rotafolio con las pistas de comparación y contraste en la pared del aula. Anime a los alumnos a mirar el cuadro, a incorporar diversas ideas y a anotarlo en el cuaderno. Pida a los alumnos que completen las partes del párrafo que faltan con las ideas anotadas. Discuta cómo se escribe un párrafo enmarcado o un ensayo utilizando las notas que hacen los propios alumnos. Anime a los alumnos a escribir frases simples, compuestas y complejas con sus propias palabras.

Evaluación: Observar a los alumnos y darles una corrección en el aula.

Los alumnos aprenden a escribir párrafos y son capaces de escribir oraciones de transición rellenando los huecos con sus ideas y conocimientos. Los estudiantes también pueden escribir oraciones simples, compuestas y complejas que les ayudan a mejorar en su escritura académica después de realizar esta tarea. El módulo se imparte para ayudar a los estudiantes a escribir párrafos y ensayos bien desarrollados.

Actividad: Lanzamiento de palabras

Tarea - Mejora el vocabulario de los estudiantes

Objetivo: El objetivo de este módulo es ayudar a los alumnos a iniciarse en el aprendizaje de nuevas palabras, significados y características del texto.

Estrategias: Iniciación, significado

Nivel: Estudiantes universitarios

Duración: 60 minutos

Recursos: Folletos con palabras relacionadas con un tema concreto, por ejemplo Agua - Elixir de la vida

Procedimiento: Haga circular entre los alumnos de la clase los folletos con palabras relacionadas con un tema concreto. Coloca las palabras de forma que una de ellas sea opuesta a la otra. Anima a los alumnos a leer el folleto y a averiguar la razón de la colocación de ciertas palabras en sentido contrario. Permite que los alumnos compartan sus ideas sobre la colocación de las palabras, su significado y otras características del texto. Continúa la acción hasta que todos los alumnos tengan la oportunidad de compartir su razonamiento sobre el texto.

Evaluación: Asegúrese de que los alumnos se sientan bien y tengan éxito. Proporcione apoyo y estímulo constantes a toda la clase. Dar retroalimentación después de cada ración.

Los alumnos obtienen un espacio adicional para aprender vocabulario de forma interesante y compartir las ideas sin inhibiciones. Este módulo ayuda a los estudiantes a obtener diferentes matices de significado de la misma palabra, les facilita ser más precisos e imaginativos en su escritura. También favorece una comprensión más profunda de las palabras relacionadas del texto seleccionado.

Actividad: Esfuerzo conjunto

Tarea - Estrategia de lectura con el texto que elija el alumno

Objetivo: El objetivo de este módulo es ayudar a los estudiantes a elegir un texto de su preferencia.

Estrategias: Selección, lectura, confianza, comprensión

Nivel: Estudiantes universitarios

Duración: 60 minutos

Recursos: Los alumnos pueden seleccionar un pasaje de lectura sobre cualquier tema, como las comedias.

Procedimiento: Dé a los alumnos la libertad de elegir un texto sobre un tema concreto. Indique a los alumnos que lean el pasaje y déles la oportunidad de compartir lo esencial del texto. Motivar a los demás estudiantes de la clase para que hagan preguntas sobre el texto seleccionado y conecten ideas que estén relacionadas con sus experiencias. Crear la oportunidad de volver a contar la historia con sus propias palabras.

Evaluación: Evaluar a los estudiantes individualmente y darles su opinión. Los estudiantes son evaluados en base a su esfuerzo individual.

El módulo es el esfuerzo combinado del profesor y del alumno. La tarea ayuda a los alumnos a adquirir conocimientos y a aumentar su confianza. Asegúrese de que todos los alumnos se sientan reconocidos, ya que se trata de una actividad individual. Los lectores lentos se sienten motivados y apoyados por los compañeros y así los alumnos adquieren confianza para intentar textos más difíciles en la siguiente actividad. La tarea también ayuda a desarrollar la lectura independiente.

Actividad: Lectura guionizada

Tarea - La tarea se realiza para promover las expresiones durante la lectura.

Objetivo: El propósito de este módulo es leer en voz alta con expresiones y ganar fluidez.

Estrategias: Leer en voz alta, expresión, fluidez

Nivel: Estudiantes universitarios

Duración: 60 minutos

Recursos: Un guión con diálogos

Procedimiento: Distribuya un guión o una historia con personajes, entre los alumnos del aula. Seleccione un grupo de alumnos y asigne cada personaje a un alumno del grupo. Indique a los alumnos que practiquen oralmente y que luego lean los personajes asignados delante de la clase con expresiones. Apoye y supervise continuamente durante la sesión de lectura.

Evaluación: Se ofrece una recuperación inmediata a los alumnos para que trabajen sus expresiones y su fluidez.

Los alumnos ganan confianza al leer oralmente en el grupo. La tarea fomenta la articulación y la labia. Los alumnos disfrutan de esta actividad y se divierten mucho observando las expresiones de sus compañeros. También aprenden a pronunciar los diálogos con entonación, pausas y expresiones precisas con respecto a su personaje. Los alumnos comprenden que la lectura y la pronunciación de los diálogos varían entre sí y reflexionan positivamente sobre ello.

Actividad: Formación separada

Tarea - Ayudar a los estudiantes en varias habilidades de lectura

Objetivo: El objetivo de esta tarea es facilitar a los alumnos diversas habilidades de lectura utilizando estrategias metacognitivas.

Estrategias: Habilidad lectora, estrategia metacognitiva

Nivel: Estudiantes universitarios

Duración: 60 minutos

Recursos: Un pasaje de la Gran Muralla China

Procedimiento: Se divide a los alumnos en dos grupos. Se distribuye el pasaje seleccionado entre los estudiantes. Acomodar a los estudiantes con diversas habilidades de lectura y motivar a los estudiantes a leer los pequeños pasajes. No espere que los alumnos aprendan más rápido, utilice la práctica de la lectura repetida para el aprendizaje. Las discapacidades lectoras pueden afectar a las habilidades de lectura y a la comprensión. Esta técnica funciona con todos los grupos de edad, especialmente con los estudiantes universitarios.

Evaluación: Una vez que los alumnos hayan leído los pasajes en voz alta varias veces, ofrezca retroalimentación y orientación instantánea.

Los alumnos con dificultades de lectura reciben una instrucción especial y repetidos ejercicios. Los alumnos adquieren conciencia fonológica, habilidades de decodificación, vocabulario básico y comprensión lectora. El profesor ayuda a los alumnos a alcanzar y conocer su potencial. Los alumnos con diversas habilidades lectoras se benefician de los módulos y utilizan eficazmente la conciencia fonológica mientras leen. También se enseña a los alumnos a no enorgullecerse de sus propios progresos y a compararlos con los de los demás.

Actividad: Cuestionar al escritor

Tarea - La tarea permite a los alumnos hacer preguntas sobre el autor y el texto.

Objetivo: El objetivo de este módulo es reflexionar sobre sus consultas y trabajar en parejas.

Estrategias: Pensar, compartir, emparejar

Nivel: Estudiantes universitarios

Duración: 60 minutos

Recursos: Un pasaje interesante y cuestionable, (véase el apéndice 20).

Procedimiento: Seleccione un pasaje que contenga datos interesantes y que se consiga una buena conservación con los alumnos. Envíe el pasaje al alumno. Inicie a los alumnos en la lectura del texto y deténgase donde crea que hay que interrogarlo. Las preguntas pueden ser:

"¿Qué intenta decir el autor?

"¿Por qué crees que el autor utiliza esas frases?

"¿Tiene sentido para el lector?

¿"El escritor lo explica claramente"?

Se enseña a los alumnos a pensar en sus consultas y a trabajar en parejas para obtener la solución de las mismas.

Evaluación: Evaluar con remediación constante y ofrecer retroalimentación positiva.

Todo el módulo involucra a los alumnos en la lectura y les facilita la consolidación del texto. El módulo permite a los alumnos hacer preguntas sobre el texto y al autor mientras leen. También enseña al alumno a criticar la obra o el escrito del autor. Mediante la formulación de preguntas, los alumnos aprenden más sobre el texto. La actividad involucra al estudiante activamente con el texto seleccionado. La tarea no sólo ayuda a leer y tomar información, sino que la estrategia también ayuda a hacer preguntas sobre el texto y el escritor.

Actividad: Atajo

Tarea - El módulo ayuda a los alumnos a distinguir la información importante.

Objetivo: El objetivo de este módulo es ayudar a los alumnos a obtener la información correcta del texto, ignorar la información irrelevante e integrar las ideas.

Estrategias: Informar, Ignorar, Integrar

Nivel: Estudiantes universitarios

Duración: 60 minutos

Recursos: Una historia corta sobre Mark Twain

Procedimiento: Distribuya los folletos del pasaje de lectura a los alumnos. Indique que lean el pasaje y pida a los alumnos que recojan las ideas principales del texto y las anoten. Proporcione las ideas importantes para apoyar los hechos. A continuación, se enseña a los alumnos a negar los pensamientos irrelevantes y, por último, se les pide que tomen nota de las ideas principales.

Evaluación: Motivar a los alumnos en el momento y hacer comentarios positivos.

Los alumnos son capaces de determinar las ideas esenciales del texto y consolidarlas. Se les enseña a centrarse en las palabras y frases clave del texto seleccionado para comprobar su relevancia. El módulo también ayuda a los alumnos a tomar notas seleccionando los puntos principales del texto y haciéndolos concisos para su comprensión. El módulo de resumen hace que el alumno adquiera la técnica del resumen; la escritura de precios y también mejora su memoria de lo que lee.

Actividad: Juicio

Tarea - Habilidad de base de la habilidad de pensamiento de orden superior

Finalidad: La finalidad de este objetivo es facilitar a los alumnos la comprensión cuando se da una información.

Estrategia: Comprender, inferir, experimentar.

Nivel: Estudiantes universitarios

Duración: 60 minutos

Recursos: Un texto de lectura de cualquier tema interesante como Social Media

Procedimiento: Envíe por correo el pasaje de lectura a los alumnos un día antes de comenzar el módulo. Indique a los alumnos que lean el texto en casa. Ofrezca un tiempo de espera para que los alumnos vuelvan a leer el texto en el aula. Pida a los alumnos que presenten su juicio o inferencia una vez que hayan leído el texto. Es muy importante que los alumnos comprendan los distintos tipos de información que han obtenido antes de hacer su inferencia. La información puede estar en el texto o puede ser el bagaje del propio alumno. Así, les ayuda a reexaminar su pensamiento. El último paso es considerar los posibles cambios en el pensamiento de los alumnos y emitir un juicio.

Evaluación: En este módulo no invalide el pensamiento original del alumno, sino ayúdele a utilizar las habilidades metacognitivas y a desarrollar el hábito de actualizar continuamente su pensamiento a medida que obtiene nueva información. Ofrezca un apoyo constante a las inferencias de los alumnos y proporcione comentarios positivos.

Los alumnos desarrollan la capacidad de pensamiento complejo con el tiempo y la experiencia. Los alumnos comprenden cuando se les da información; la inferencia se realiza no sólo por pura experiencia sino utilizando la cognición.

Actividad: Serie de cuentos

Tarea - Esta tarea hace que los alumnos comprendan e identifiquen los componentes de la historia - el principio-medio-fin.

Objetivo: El objetivo de esta tarea es que los alumnos comprendan e identifiquen los componentes de la historia.

Estrategia: Principio-medio-final; volver a contar la historia en la secuencia correcta.

Nivel: Estudiantes universitarios

Duración: 60 minutos

Recursos: Un texto narrativo interesante como El caballero de Verona.

Procedimiento: Envíe el libro electrónico del cuento elegido a los alumnos. Enseñe a los alumnos a leer el texto y a comprender los acontecimientos que ocurren en la historia. Facilite a los estudiantes la identificación de los componentes de la historia - el principio-medio-fin y dé la oportunidad a cada estudiante de volver a contar los acontecimientos del texto en el orden en que ocurrieron. La capacidad de realizar esta tarea es la actividad clave de la comprensión. Secuenciar los acontecimientos es también un factor importante en la resolución de problemas en otras materias.

Evaluación: Evaluar a los alumnos sobre las estructuras de la secuencia, organizar las ideas y la información de manera eficaz.

Los alumnos son capaces de comprender el texto narrativo con facilidad y sin confusión. Pueden identificar los componentes de la historia - el principio-medio-fin y narrar los acontecimientos en el orden secuencial correcto. Los alumnos comprenden que leer con una estrategia, a diferencia de la lectura a ciegas, puede hacerles mejores lectores con una comprensión más profunda y adquirir conocimientos. La lectura libre y voluntaria es uno de los principales beneficios de cada alumno durante esta sesión de formación.

Actividad: Director de Lectura

Tarea - El director de lectura ayuda a los alumnos a comprender los puntos principales y a entender las estructuras del texto.

Objetivo: El objetivo de este módulo es ayudar a los estudiantes a leer capítulos difíciles y guiarlos.

Estrategia: comprender los puntos principales, con las estructuras del texto.

Nivel: Estudiantes universitarios

Duración: 60 minutos

Recursos: Un texto de lectura asignado sobre la adicción en los adolescentes

Procedimiento: Asigne el texto de lectura a los estudiantes en su correo. Facilite a los estudiantes las ideas principales de la lectura asignada y considere cada idea de los estudiantes al contexto. Escribir las preguntas en la pizarra apoyando las ideas y pensamientos de los alumnos. Discutir el acontecimiento principal del texto y recordar el nuevo vocabulario aprendido. Se trata de una actividad centrada en el alumno y el profesor en la que ambos tienen la oportunidad de interactuar, el profesor apoya y supervisa el progreso de los alumnos a lo largo de la tarea.

Evaluación: Estipular la recuperación inmediata de los alumnos a lo largo de la tarea. El módulo ayuda a los alumnos a seguir los puntos principales de la lectura y a comprender la organización del texto. Ayuda a los lectores a pensar activamente y les proporciona un propósito de lectura.

La estrategia de lectura ayuda a los alumnos a centrarse en lo que deben leer y a controlar su comprensión. Los estudiantes adquieren competencia en la comprensión de los puntos principales y entienden las estructuras del texto. A los estudiantes que tienen problemas de memoria de trabajo se les debe ayudar a tomar notas mientras leen.

Actividad: Primera impresión

Tarea - La tarea consiste en leer y predecir

Objetivo: El objetivo de este módulo es utilizar la estrategia de comprensión.

Estrategia: Leer, predecir, comprender

Nivel: Estudiantes universitarios

Duración: 60 minutos

Recursos: Un interesante pasaje de lectura sobre el Pensamiento Disciplinario

Procedimiento: Distribuya el pasaje de lectura a los estudiantes en el aula. Pida a los alumnos que lean sólo las primeras líneas del texto asignado. Inicie a los estudiantes para que utilicen la estrategia de metacognición y hagan predicciones sobre las primeras líneas leídas. Toda la clase participa en el debate con las predicciones realizadas. Se anima y motiva a los estudiantes a mantener las predicciones reales y luego el profesor continúa la lectura para revelar las predicciones originales.

Evaluación: Evaluar a los alumnos una vez realizadas las predicciones. Utilizando esta técnica, el estudiante gana atención sobre el texto. Tienen que discutirlo con el profesor y con los compañeros. Al leer el texto en voz alta, adquieren confianza en sí mismos.

El módulo ayuda a los alumnos a hacer predicciones sobre el contenido de lo que se lee. Los alumnos disfrutan de la tarea cuando el tema original se revela a la clase tras la lectura completa de la tarea asignada.

Actividad: Filmic

Tarea - La tarea consiste en crear imágenes mentales mientras se lee.

Objetivo: El objetivo de esta actividad es ayudar a los alumnos a utilizar sus conocimientos previos y sus experiencias.

Estrategia: Conocimientos previos, imagen mental

Nivel: Estudiantes universitarios

Duración: 60 minutos

Recursos: Un texto visual sobre cualquier tema

Procedimiento: Muestre un texto visual en la clase. Haga una pausa para que los alumnos visualicen la imagen del párrafo descriptivo. Pida a los alumnos que compartan su imagen individualmente y que hablen de las palabras que les hicieron conectar con la imagen mental. Se continúa el proceso de nuevo y cada vez el alumno sale con una nueva imagen. Una vez que la tarea les resulta familiar, se pide a los alumnos que utilicen la imagen mental mientras leen.

Evaluación: Motivar activamente a los alumnos en toda esta tarea. Y evaluar positivamente.

Los alumnos disfrutan de la tarea porque crean imágenes mentales mientras leen y eso les ayuda a comprender el texto. Los alumnos se sienten seguros de que la imaginación visual les ayuda a comprender mejor la historia y pueden recordarla durante sus sesiones académicas. La parte más larga de la lectura también se puede hacer en el mismo proceso. El texto seleccionado también se lee en voz alta para conocer las palabras que conectan la imagen visual.

Actividad: Trama de la historia

Tarea - La tarea consiste principalmente en identificar los elementos de una historia.

Objetivo: El objetivo de esta actividad es ayudar a los alumnos a aprender los elementos de una historia.

Estrategia: Trama, escenario, problema y solución

Nivel: Estudiantes universitarios

Duración: 60 minutos

Recursos: Fábulas de Esopo

Procedimiento: Fotocopie la historia seleccionada de la fábula de Esopo y distribuya el folleto entre los alumnos. Con la ayuda del grafista, ayude a los alumnos a identificar los elementos. Entregue a cada alumno un mapa de la historia en blanco y pídales que lean atentamente y rellenen los huecos. Mientras los alumnos leen, completan el mapa de la historia y, después de la lectura, pídales que rellenen las partes que faltan. Discuta los componentes principales de la historia y la comprensión.

Evaluación: Evaluar y supervisar al alumno de forma exhaustiva. Una vez completada la tarea, los estudiantes son capaces de formar un marco identificando los elementos de la historia como tramas, personajes.

Esta actividad es muy útil para los alumnos, ya que participan en la puesta en común de los personajes, el escenario y la trama con sus conocimientos; también involucra a los alumnos lentos en la discusión. La estrategia es muy flexible y puede utilizarse en todos los planes de estudio.

Actividad: Frases para pensar

Tarea - Esta tarea es una actividad de vocabulario previa a la lectura.

Objetivo: El propósito de esta tarea es activar los conocimientos previos sobre los conceptos y el vocabulario del contenido utilizando la estrategia de Metacognición.

Estrategia: Activar los conocimientos previos

Nivel: Estudiantes universitarios

Duración: 60 minutos

Recursos: Exposición de palabras seleccionadas del pasaje

Procedimiento: Esta es una actividad previa a la lectura. Antes de que comience la lectura propiamente dicha, entregue a los estudiantes las palabras de vocabulario preseleccionadas del pasaje. Insiste en que los estudiantes utilicen la estrategia de metacognición para pensar en las palabras, basándose en su predicción sobre la lectura y haciendo frases significativas con sus propias palabras. Sugiere que formen parejas de palabras del vocabulario y que relacionen las palabras con el texto. Anima a los alumnos a leer el texto y a comparar sus frases con el texto original para comprobar la predicción y la exactitud.

Evaluación: Evaluar a los alumnos en la tarea de forma continua. Compruebe la capacidad de pensamiento de los alumnos y mida el uso de la estrategia metacognitiva en la predicción y la elaboración de oraciones significativas con el vocabulario dado. Evalúe a los alumnos en cuanto a sus conocimientos previos y sus patrones de escritura de frases. Si el patrón de oraciones del alumno es incorrecto, ayúdele a reescribir las oraciones. Este módulo despierta la curiosidad del alumno y mejora su comprensión lectora.

Actividad: Barreras de palabras

Tarea - Este módulo debe proporcionar un modelo de palabras de alta frecuencia.

Objetivo: El objetivo es proporcionar un enfoque para la enseñanza significativa del vocabulario.

Estrategias: Compromiso, pensamiento, orden superior

Nivel: Estudiantes universitarios

Duración: 60 minutos

Recursos: Introducir nuevas palabras escribiendo las letras en un orden revuelto.

Procedimiento: En primer lugar, introduzca todas las palabras nuevas escribiendo todas las letras de forma revuelta. Para ayudar a los alumnos a descifrar la palabra, facilíteles una pista sobre el significado de la palabra o sobre la relación con el material de lectura. Indique a los alumnos que utilicen la estrategia de conocimientos previos para deletrear la palabra y que activen sus conocimientos en función de las pistas. Este módulo ayuda a las habilidades fonéticas y ortográficas, lo que supone un gran apoyo para los alumnos durante la lectura y la escritura.

Evaluación: La evaluación y la corrección se realizan a lo largo de la tarea. La tarea está diseñada como una herramienta para que los estudiantes mejoren sus habilidades de lectura y escritura mediante la mejora de su patrón fonético y ortográfico, que a menudo se considera una barrera para el alumno.

El módulo ayuda en los patrones y las relaciones en las palabras. Los alumnos trabajan juntos para determinar qué palabras deben ir bien en la palabra. De ahí que haya mucha interacción y relación cordial en el aula. Hay que hacer suficientes ejercicios para que las palabras se escriban correctamente, se lean correctamente y se utilicen correctamente en cualquier contexto.

Actividad: Juegos combinados

Tarea - Esta actividad consiste en enseñar a los alumnos a mezclar e identificar una palabra extendida en sus elementos sonoros básicos.

Objetivo: El objetivo de este módulo es hacer que los alumnos mezclen e identifiquen la palabra.

Estrategia: Reconocer, elemento sonoro

Nivel: Estudiantes universitarios

Duración: 60 minutos

Recursos: Tarjetas con imágenes y palabras

Procedimiento: La tarea es muy interesante e informativa. Utilice una hoja de trabajo y pida a los alumnos que adivinen una palabra de la clase de cada estudiante. Indique a los alumnos que piensen detenidamente antes de adivinar la palabra. En la lectura, se denomina blending porque los sonidos se mezclan con más fuerza después de la visualización. Muchos investigadores afirman que los alumnos con poca conciencia fonológica son lectores lentos. Por lo tanto, este módulo anima a todos los alumnos lentos a participar en los juegos combinados y a mejorar su capacidad de lectura.

Evaluación: Evaluar a los alumnos oralmente durante la tarea. Ayude al alumno a combinar los sonidos y a adivinar las imágenes, lo que le ayudará directamente a utilizar sus conocimientos en materia de lectura y escritura.

Ofrezca a los alumnos muchos ejercicios para que se sientan cómodos haciendo el ejercicio de mezcla. Desarrollar la conciencia fonológica de los alumnos es una parte importante del deber del profesor. Y este módulo es un muy buen ejemplo de ello.

Actividad: Pensamiento directo

Tarea - Esta tarea es una estrategia de comprensión.

Objetivo: El objetivo de este módulo es utilizar la estrategia de lectura para formular preguntas, hacer predicciones y confirmar o refutar las predicciones.

Estrategia: Cuestionar, predecir, refutar

Nivel: Estudiantes universitarios

Duración: 60 minutos

Recursos: Pasaje de lectura seleccionado Inteligencia Artificial

Procedimiento: Fotocopiar el pasaje de lectura seleccionado sobre la Inteligencia Artificial y distribuirlo entre los alumnos. Active y dirija el proceso de pensamiento de los estudiantes, antes de leer el texto. Formule preguntas abiertas para que los alumnos hagan predicciones e infieran opiniones sobre el pasaje en cuestión. Induzca la información específica para que los alumnos hagan predicciones claras sobre el texto. Continúe el procedimiento hasta que los alumnos hayan leído cada sección del pasaje. Al final de cada sección, los alumnos vuelven a leer el texto y reflexionan sobre sus predicciones. Los alumnos deben verificar o modificar sus predicciones encontrando afirmaciones de apoyo en el texto.

Evaluación: Evalúe a los alumnos a lo largo de la tarea. Evalúe a los alumnos en cuanto a sus habilidades de comprensión, predicción y refutación.

Todo el proceso motiva a los estudiantes a ser lectores activos y reflexivos, y a mejorar sus habilidades de comprensión. El módulo ayuda a reforzar las habilidades de lectura y de pensamiento crítico. Enseña a los alumnos a controlar su comprensión del texto mientras leen. Se trata de un módulo muy importante y significativo que utiliza la estrategia de lectura.

Actividad: Expectativa

Tarea - Es una estrategia de comprensión que se utiliza antes de la lectura.

Objetivo: El objetivo de este módulo es estimular el celo del alumno en un tema y fijar un propósito de lectura.

Estrategia: Celo, establecer un propósito

Nivel: Estudiantes universitarios

Duración: 60 minutos

Recursos: Avance de una historia sobre Sherlock Homes

Procedimiento: Narrar a los alumnos la historia seleccionada y, a continuación, leer en voz alta la historia seleccionada. En la clase se inicia a los alumnos a recapitular los principales acontecimientos de la historia con pausas y se les sugiere que correspondan a cada enunciado. La estrategia se utiliza varias veces para crear el interés en el tema y hacer un propósito de lectura del texto.

Evaluación: Evaluar a los alumnos en función de las anticipaciones que realicen durante la lectura. Esta estrategia ayuda a hacer predicciones, anticipar el texto y verificar.

El módulo también actúa como estimulante para crear curiosidad y fijar un objetivo en la lectura. La actividad aporta nueva información a los conocimientos previos y crea expectativas en un nuevo tema. La práctica de la lectura es un poderoso motivador y los alumnos se comprometen y se concentran durante toda la lección guiada, y también sirve de empuje para los alumnos divergentes que podrían saltarse los conceptos clave de la historia.

Actividad: Imagínate esto!

Tarea - Construir imágenes mentales mientras el alumno lee el texto.

Objetivo: El objetivo de este módulo es construir imágenes mentales mientras el alumno lee el texto utilizando estrategias de lectura.

Estrategia: Construir imágenes mentales

Nivel: Estudiantes universitarios

Duración: 60 minutos

Recursos: Una rueda de eventos sobre extraterrestres

Procedimiento: Prepare una tabla sobre cualquiera de los pasajes de Aliens antes de la sesión de lectura y colóquela en el aula. Divida a los alumnos en ocho grupos, indíqueles que lean el pasaje y marquen las características principales del mismo.

Recuerde a los alumnos que deben utilizar sus conocimientos previos para visualizarlos. Ahora dé la oportunidad a cada grupo de poner sus imágenes y eventos en la rueda de eventos uno por uno y toda la clase se involucra y aprende a usar estrategias de lectura y a construir imágenes mentales mientras lee.

Evaluación: Supervise y evalúe a los alumnos a lo largo de la tarea. La rueda de acontecimientos facilita que los alumnos se sientan seguros de que las imágenes que tenían en su mente colaboran con los acontecimientos del pasaje.

Los estudiantes se benefician de muchas maneras con este módulo, por ejemplo, la construcción de imágenes mentales les ayuda a mejorar la comprensión de la lectura. Toda la comunidad de estudiantes participa activamente en la actividad porque es interesante y además hay desviación. El módulo puede utilizarse para un texto largo y compartir imágenes, los eventos pueden ser continuados. Se enseña a los estudiantes una nueva habilidad de cómo utilizar las imágenes y conectar los eventos.

Actividad: Eliminar una frase

Tarea - Esta es una actividad de exploración y predicción.

Objetivo: El objetivo de este módulo es mejorar la habilidad de escanear cualquier género del texto y hacer predicciones.

Estrategia: Exploración, predicción

Nivel: Estudiantes universitarios

Duración: 60 minutos

Recursos: Un pasaje seleccionado sobre la comida basura

Procedimiento: En este módulo, seleccione un pasaje sobre la comida basura, elimine una frase de la secuencia de cada párrafo y, a continuación, entregue el folleto a los alumnos. Pida a los alumnos que busquen las frases que faltan en el párrafo. Ayude a los alumnos a predecir las frases eliminadas. Proporcione ayuda a los alumnos y anímelos durante el proceso. Compruebe las predicciones y, finalmente, lea las frases que faltan en orden a toda la clase. Esta actividad ayuda a los alumnos a utilizar la estrategia metacognitiva y a pensar en el género que probablemente conecte el pasaje.

Evaluación: Evaluar a los alumnos sobre sus predicciones y técnicas de exploración.

Los alumnos se convierten en mejores lectores y son capaces de escudriñar los géneros mientras realizan este módulo. Los alumnos también mejoran la habilidad de decodificar el texto y predecirlo. Se trata de una actividad de lectura que ayuda a desarrollar las subhabilidades de la lengua inglesa. Cuando los alumnos buscan la frase que falta, sus ojos siguen el texto de principio a fin, la lectura de escaneo es para animar a los alumnos a leer un texto de forma rápida y cómoda para conseguir una comprensión global.

Actividad: Quiz Buzz

Tarea - Una tarea oral después de leer un cuento o un texto.

Objetivo: El objetivo de este módulo es mejorar la capacidad de recuerdo de los alumnos.

Estrategia: Poder de la memoria

Nivel: Estudiantes universitarios

Duración: 60 minutos

Recursos: Una selección de cuentos de Ruskin Bond

Procedimiento: Proporcione a los alumnos la historia corta de Ruskin Bond antes de la tarea. Divida a los alumnos en dos equipos al azar y pídales que creen preguntas completas a partir del relato, que se utilizarán en el cuestionario. El cuestionario debe abarcar diversos temas, como los personajes, la trama y el tema. Ayude a cada equipo a preparar las respuestas clave antes de la prueba oral. Los profesores deben indicar a un grupo que desafíe al otro con las preguntas del concurso y premiarlo en el momento.

Este es un módulo muy interesante para mejorar la capacidad de retención y también ayuda a los alumnos a pensar de forma específica para formular las preguntas.

Evaluación: Evalúe a los alumnos en la formulación de preguntas a partir de la historia, utilizando información específica del pasaje seleccionado.

El módulo activa el poder de la memoria de los estudiantes; les hace pensar utilizando su dominio cognitivo. Además, todo el proceso permite a los estudiantes examinar si otros compañeros aprendieron o no la información del texto seleccionado. El módulo inicia el aprendizaje entre iguales y fomenta la cooperación entre los alumnos para trabajar en equipo. El pensamiento activo y las habilidades de cuestionamiento son una parte integral del aprendizaje de los estudiantes de grado y, por lo tanto, este módulo apoya lo mismo.

Actividad: Texto de salida

Tarea - Esta tarea se refiere a la "estrategia posterior a la lectura" utilizada para reflejar el pensamiento analítico del estudiante.

Objetivo: El objetivo de este módulo es medir el nivel de pensamiento analítico.

Estrategia: Pensamiento analítico

Nivel: Estudiantes universitarios

Duración: 60 minutos

Recursos: Seleccione un pasaje de lectura sobre "Aula virtual" y algunos trozos de papel

Procedimiento: Envíe por correo el pasaje de lectura seleccionado en el "Aula Virtual" a los estudiantes el día anterior e indíqueles que lean el pasaje y vengan preparados para el módulo. Lea el pasaje una vez más en la clase y distribuya la hoja de papel a cada estudiante. Pide a los alumnos que escriban al menos una o dos ventajas y desventajas clave del pasaje seleccionado. Una vez que los alumnos escriban sus respuestas, recoge el papelito y revisa las habilidades de pensamiento analítico de los alumnos.

Evaluación: Evaluar la capacidad de pensamiento analítico de los alumnos. Evaluar a los alumnos sobre el grado de comprensión de los conceptos clave del texto seleccionado. Revise a los estudiantes individualmente y proporcione actividades de seguimiento.

El módulo ayuda a expresar cómo o qué sienten sobre el texto. Se trata de una estrategia posterior a la lectura y requiere que los estudiantes piensen críticamente antes de escribir en el papel. La ilustración y la preparación de la estrategia posterior a la lectura son muy importantes para el éxito de la estrategia entre los estudiantes universitarios.

Resumen

En este capítulo se destaca la investigación-acción. El capítulo señala las metodologías utilizadas en la investigación empírica, la descripción detallada de los dispositivos utilizados en el estudio. También transmite el procedimiento seguido en la investigación, desde la redacción del pre-test, la formulación de los módulos, el post-test, la administración de la encuesta del cuestionario y la discusión en grupo. El capítulo hace hincapié en las estrategias de lectura metacognitivas que proporcionan un apoyo eficaz a los alumnos divergentes para la adquisición de habilidades de lectura. Los módulos innovadores y la pedagogía basada en la actividad son una de las mejores formas de alimentar a los alumnos.

CAPÍTULO IV

ANÁLISIS E INTERPRETACIÓN DE DATOS

Recogida de datos

El estudio es una experimentación meticulosa con el objetivo de encontrar hechos innovadores y su interpretación. Este capítulo presenta el análisis de los resultados, la interpretación de los datos para buscar las respuestas de los objetivos propuestos. La recopilación de datos se realizó mediante numerosos métodos para satisfacer las necesidades de la tesis. En primer lugar, se diseñó un pre-test y un post-test para analizar la hipótesis. Los participantes fueron 250 estudiantes de grado en un aula heterogénea. Al principio se administró el pre-test para determinar el nivel de habilidades metacognitivas de lectura en los alumnos divergentes. Una vez evaluado el pre-test, se prepararon 45 módulos con estrategias metacognitivas innovadoras. Por otro lado, se procesó el post-test para examinar la diferencia de su eficacia de las estrategias de lectura metacognitiva entre los alumnos divergentes. Las puntuaciones del pre-test y del post-test se analizaron cautelosamente mediante la prueba T. "La prueba T se utiliza para comparar las medias de dos grupos" (Sheligar y Shohamy 231).

Prueba de hipótesis

La prueba de la hipótesis se formula en términos de dos hipótesis:

- **H0: la hipótesis nula**

- **H1: la hipótesis alternativa**

- Rechazar **H0** y aceptar **H1 porque hay** suficientes pruebas en la muestra a favor de **H1**

- No se rechaza **H0** porque no hay pruebas suficientes para apoyar **H1**

- La hipótesis nula es una afirmación de "no hay efecto" o "no hay diferencia".

Antes de la prueba

N1: 250

df1 = N - 1 = 250 - 1 = 249

M1: 24.16

SS1: 19010,28

s21 = SS1/(N - 1) = 19010,28/(250-1) = 76,35

Prueba posterior

N2: 250

df2 = N - 1 = 250 - 1 = 249

M2: 31.12

SS2: 13361,16

s22 = SS2/(N - 1) = 13361,16/(250-1) = 53,66

Cálculo del valor T

s2p = ((df1/(df1 + df2)) * s21) + ((df2/(df2 + df2)) * s22)

= ((249/498) * 76.35) + ((249/498) * 53.66) = 65

s2M1 = s2p/N1 = 65/250 = 0,26

s2M2 = s2p/N2 = 65/250 = 0,26

t = (M1 - M2)/√ (s2M1 + s2M2)

= -6.96/√0.52 = -9.65

El valor t es -9,65157. El valor p es < .00001. El resultado es significativo a p < .05.

Por lo tanto, se concluye que los alumnos han desarrollado habilidades de lectura metacognitivas.

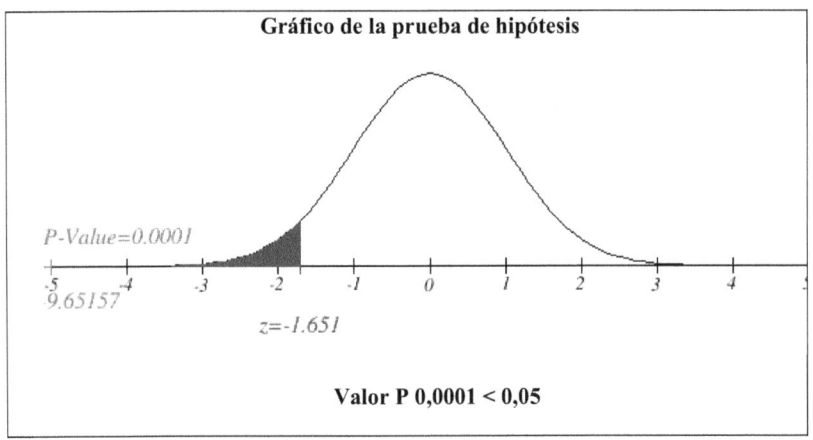

La prueba T indica las diferencias en las puntuaciones del pre-test y del post-test. La prueba indica claramente que los estudiantes obtuvieron mejores resultados en la prueba posterior. Además, la prueba indica que **el valor t es igual a -9,65157. El valor p es < 0,00001. El resultado es significativo a p < .05. También se calculó la prueba de distribución normal, cuyo valor crítico es igual a -1,651 y el valor p es 0,0001, como se muestra en la figura 4.1. Por lo tanto,** se rechaza la hipótesis nula, lo que demuestra que existe una diferencia significativa. Se puede declarar que hubo un cambio notable en el rendimiento de los estudiantes en la prueba posterior después de la finalización con éxito de los 45 módulos y actividades innovadoras de lectura metacognitiva.

Análisis del cuestionario

Se preparó un cuestionario que contenía 30 preguntas después de completar un curso de 45 módulos sobre la enseñanza de la lectura utilizando estrategias metacognitivas. Se contó con la aprobación de expertos en la materia. De las 30 preguntas, 10 se basaban en el desarrollo de la lectura y el hábito de lectura extendido, 4 preguntas se proporcionaron para medir el progreso en el vocabulario y la gramática,

3 preguntas fueron para reconocer el crecimiento de los estudiantes en la habilidad de hablar y pronunciar, 8 preguntas se dieron para comprobar el uso de las estrategias metacognitivas utilizadas por los estudiantes mientras, durante y después de la lectura y 5 preguntas se dieron para comprobar la mejora en las habilidades productivas como la escritura.

Se distribuyeron cuestionarios entre los estudiantes. Se llevó a cabo un debate de grupo en cada clase para obtener e interpretar sus actitudes sobre los módulos que les ayudaron a desarrollar sus habilidades de lectura metacognitivas. Esto ayudó a conocer el grado en que los estudiantes se beneficiaron en el aprendizaje de la lengua inglesa a través de estrategias y actividades metacognitivas para aprender habilidades de lectura. Los datos del cuestionario se analizaron mediante gráficos circulares. Los gráficos circulares se utilizan para representar la información cualitativa del cuestionario realizado por el investigador a la población de la muestra mencionada. En los siguientes gráficos circulares se ofrece el análisis de las respuestas elegidas por los participantes para cada uno de los ítems, respectivamente, sobre las **ayudas metacognitivas a la lectura:**

1. Comprender los temas e ideas del texto.

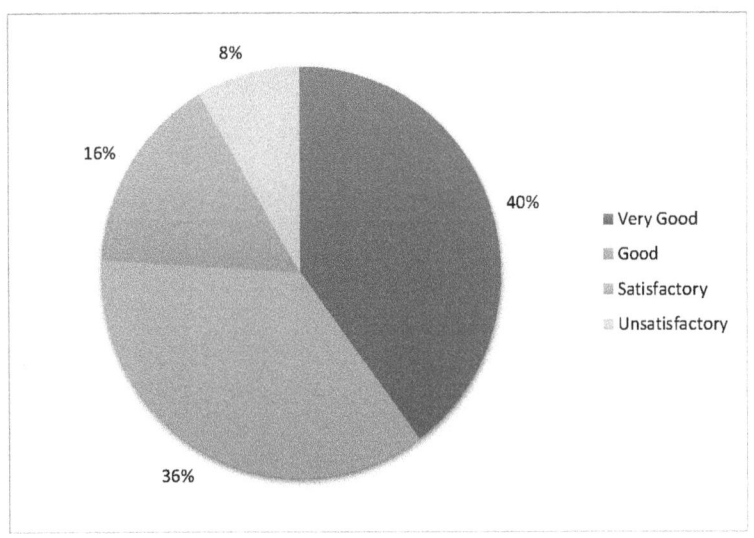

Esta pregunta ponía a prueba el nivel de comprensión de los estudiantes de los temas e ideas del texto dado utilizando estrategias de lectura. De los 250 participantes, el 40% de los estudiantes han destacado muy bien que habían sido expuestos a los hábitos de lectura desde sus clases de primaria. El 36% de los alumnos tenía un hábito de lectura moderado, pero rara vez leía géneros en inglés, por lo que respondió bien. El 16% de ellos tenía un número menor de años de experiencia en el estudio de la Instrucción Media en Inglés y no había sido expuesto a enfoques de lectura y formación, por lo que expresaron satisfactorio. El 8% calificó de no satisfactorio, ya que estos alumnos tenían cierta dificultad para comprender la técnica y expresar las ideas, como se muestra en la figura.

2. Apreciar los recursos literarios, como la imaginería, el símil y la metáfora.

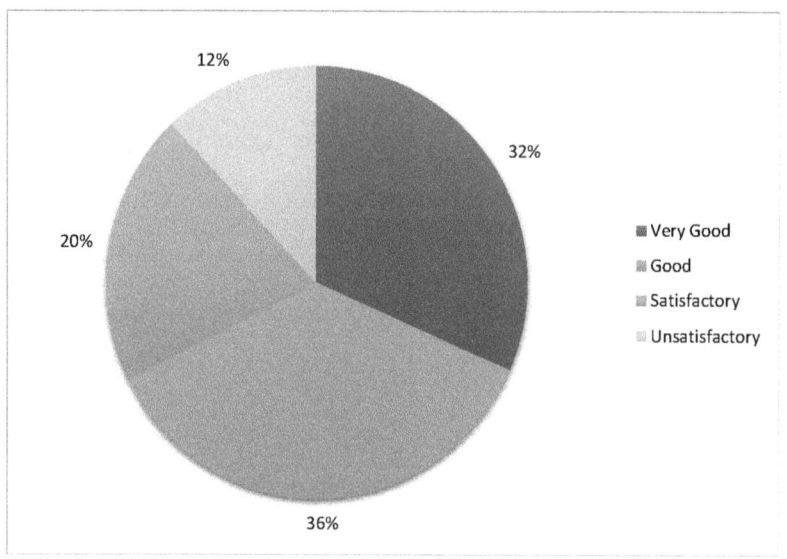

La segunda pregunta investigó cómo las estrategias de lectura de metacognición, analizó la capacidad del estudiante para apreciar los dispositivos literarios, tales como imágenes, símil y metáfora. De los 250 participantes, el 32% de los alumnos ha comprendido y ha sido capaz de reconocer el lenguaje figurado y de entender sus funciones en el texto, por lo que ha destacado como muy bueno. El 39% de los estudiantes reconocieron los recursos literarios y aceptaron los dispositivos literarios como parte del texto y respondieron bien. El 20% se expresó de forma satisfactoria, estos estudiantes tuvieron un menor número de oportunidades para reconocer el lenguaje figurado. El 12% consideró que no era satisfactorio, ya que no se había dado cuenta ni había comprendido los recursos literarios del texto, como se muestra en la figura.

3. Mejorar el uso del vocabulario al hablar.

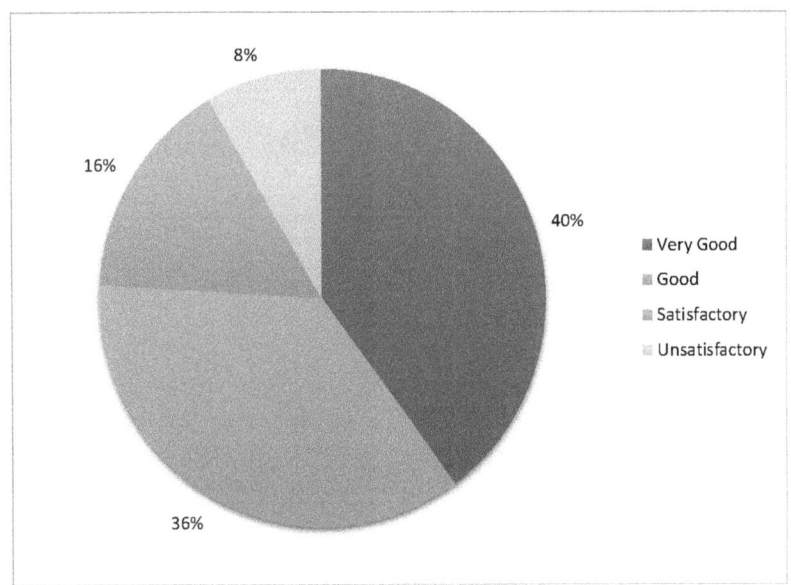

La tercera pregunta consistía en conocer la utilidad de las técnicas metacognitivas para que los alumnos mejoraran el uso del vocabulario al hablar. De los 250 participantes, el 40% reconoció que era muy bueno, ya que el alumno tenía un vocabulario brillante, una exposición y unas prácticas en su educación temprana que le animaban a desarrollar su vocabulario. El 36% pudo reconocer el vocabulario mientras aprendía, y fue capaz de utilizarlo al hablar, lo que fue el resultado de haberse criado en un ambiente de habla inglesa, y lo evaluó como bueno. El 16% se expresó de forma satisfactoria, estos estudiantes tomaron la ayuda del profesor y del diccionario. El 8% no lo calificó como satisfactorio, ya que tenían una gran inhibición al hablar en voz alta, como se muestra en la figura.

4. Desarrollar el conocimiento de la finalidad y los rasgos característicos de las diferentes formas textuales.

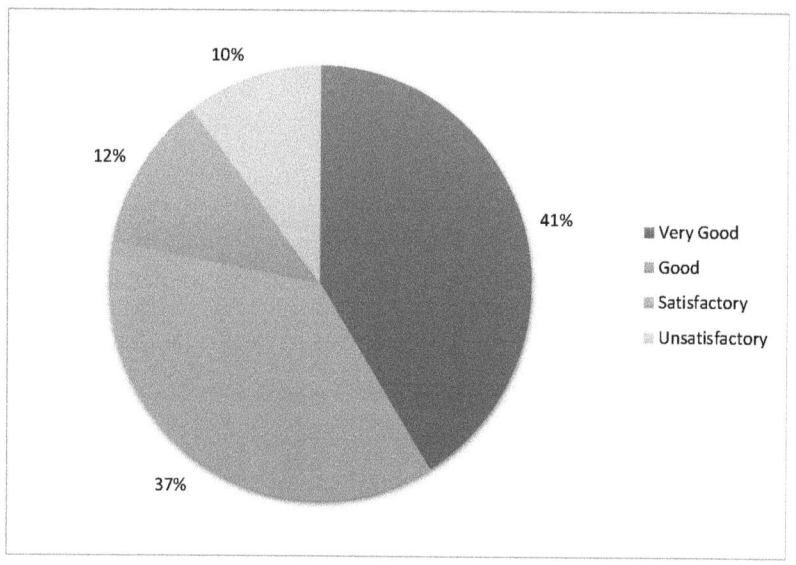

En la cuarta pregunta se comprobó cómo desarrollar el conocimiento de la finalidad y los rasgos característicos de las diferentes formas textuales. De los 250 participantes, el 41% reconoció que podía desarrollar su comprensión, su vocabulario, sus formas típicas de lectura y valoró muy bien. El 37% de los alumnos conocieron esta técnica durante los primeros años de su escolaridad y la practicaron en sus lecturas diarias replicaron bien. El 12% se expresó de forma satisfactoria, estos alumnos habían aprendido la técnica y se olvidaron de utilizarla, ya que la practicaban menos. El 10% se calificó como no satisfactorio, ya que los estudiantes se sentían menos seguros para utilizar la técnica, como se muestra en la figura.

5. Fomentar el disfrute del texto y sentir un sentimiento de descubrimiento.

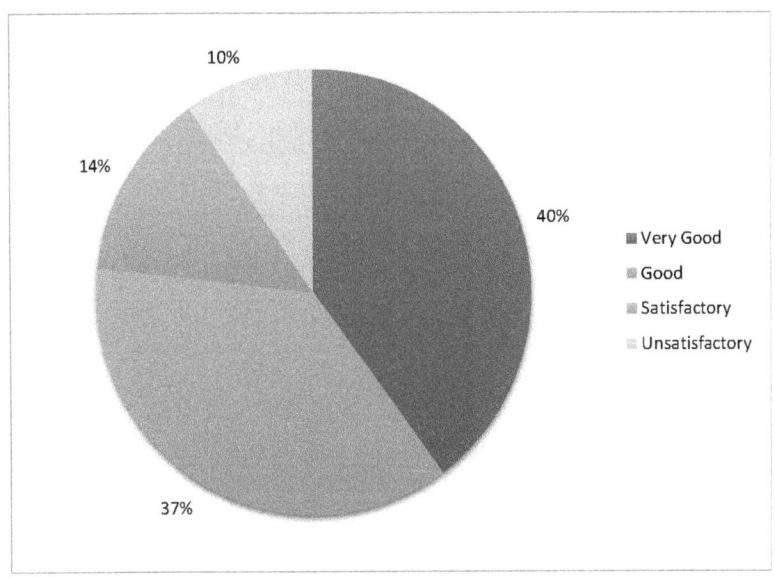

La quinta pregunta reconocía cómo fomentar el disfrute del texto y sentir una sensación de descubrimiento. De los 250 participantes, el 40% calificó de muy bueno a quienes se dedicaron a la lectura extensiva y fueron capaces de utilizar técnicas de cognición. Estos estudiantes practicaron estrategias de metacognición y tuvieron un amplio ejercicio para dominar su habilidad. El 37% calificó de bueno, estos estudiantes reconocieron las nuevas ideas mientras leían el texto y las circunscribieron al mismo. El 14% expresó satisfactorio, estos estudiantes no tuvieron la oportunidad de leer otros libros que no fueran académicos. El 10% expresó que no es satisfactorio, ya que considera que no es bueno en la lectura en comparación con sus compañeros, como se muestra en la figura.

6. Permitir el aprendizaje del uso de la gramática, la estructura de las oraciones.

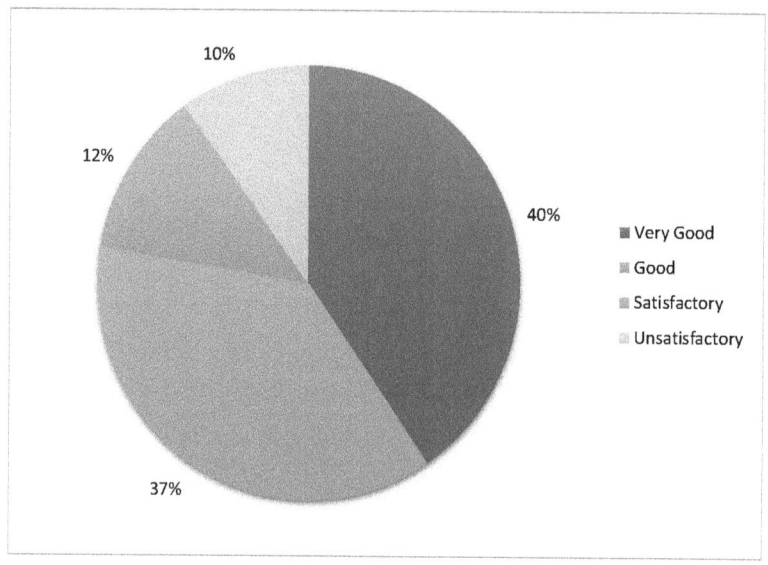

La sexta pregunta se refería a la capacidad de aprender el uso de la gramática y la estructura de las frases utilizando estrategias metacognitivas. De los 250 participantes, el 40% ya había practicado las destrezas de lectura en sus estudios y expresó que era muy bueno, ya que el entrenamiento cognitivo les había ayudado a sobresalir en gramática. El 37% expresó que era bueno, que reconocía la estructura de las oraciones y que los ejercicios de cognición les ayudaban a rectificar sus errores. El 12% de los estudiantes continuó cometiendo errores a pesar de la formación metacognitiva y expresó que era satisfactorio. El 10% calificó de no satisfactorio, ya que tenía dificultades de retención y menos memoria, como se muestra en la figura.

7. Mantener la atención mediante el uso hábil de estrategias de instrucción como las preguntas, las indicaciones.

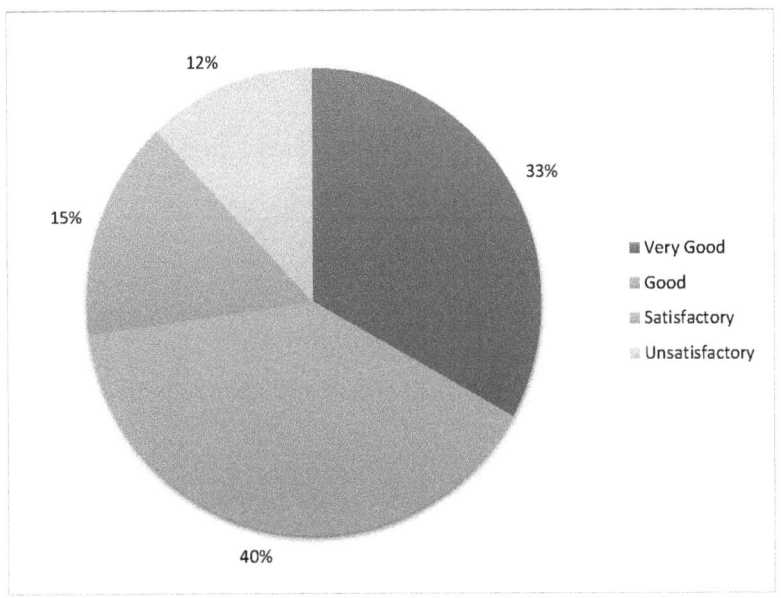

La séptima pregunta se basaba en las estrategias de instrucción y verificaba la capacidad de interrogar e inducir después de utilizar estrategias metacognitivas. De los 250 participantes, el 40% de los estudiantes se mostraron muy buenos y pudieron progresar en su velocidad de lectura y en su capacidad de interrogar e incitar. El 33% reaccionó bien, estos estudiantes mantuvieron la atención utilizando las estrategias dadas por el profesor. El 15% se comunicó de forma satisfactoria, los alumnos tuvieron cierta inhibición al hablar en voz alta o al dar indicaciones. El 12% no se consideró satisfactorio, ya que no pudieron comprender el texto debido a una mala escolarización en la infancia, como se muestra en la figura.

8. Fomentar el debate relacionado con el propósito de la lectura en relación con el contenido.

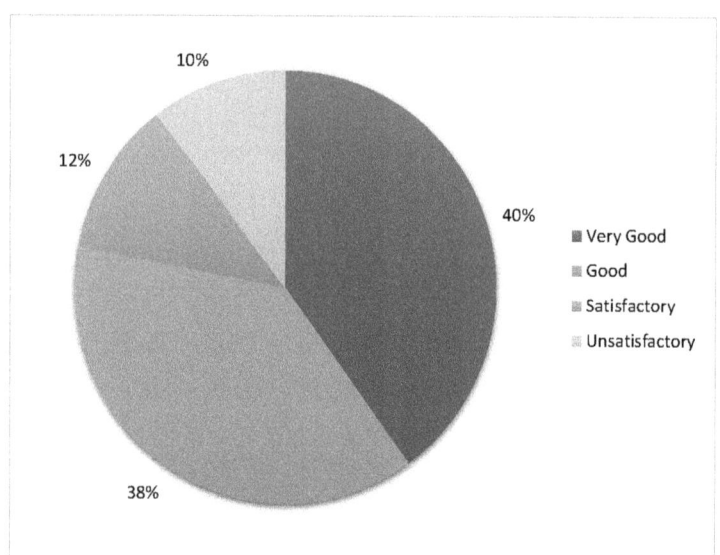

La octava pregunta se basaba en el curso de Metacognición, en el que se comprobaba la importancia que tiene para la lectura el propósito relacionado con el contenido. De los 250 participantes, el 40% de los estudiantes que podían utilizar sus ideas y conceptos en sus seminarios y presentaciones destacaron que era muy bueno. El 38% declaró que era bueno, ya que expresaron que hablar en voz alta y la interacción ayuda a obtener más información. El 12% de los alumnos no practicó las estrategias metacognitivas y manifestó que era satisfactorio. El 10% experimentó que pensar después de leer es una tarea compleja y, por tanto, dijo que no era satisfactorio, como se muestra en la figura.

9. Motivar las estrategias relacionadas con los objetivos mientras se aprende y se practica.

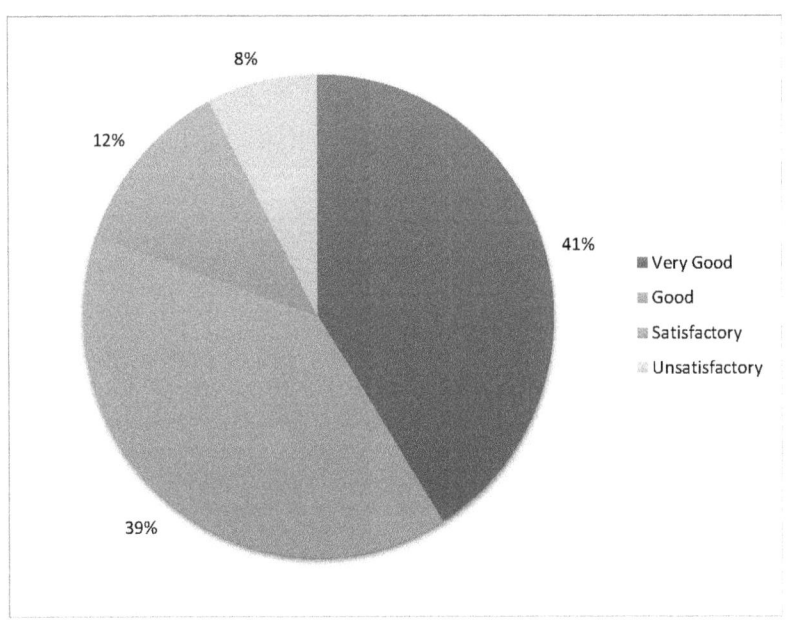

La novena pregunta comprobaba cómo motivar las estrategias relacionadas con los objetivos durante el aprendizaje y la práctica. De los 250 participantes, el 41% de ellos expresó muy bien que esta habilidad era innata, que utilizaban estrategias de lectura y motivación para establecer objetivos. El 39% respondió bueno, son los estudiantes que reconocieron la confianza a través de la motivación y se dedicaron a la lectura con regularidad. El 12% expresó satisfactorio, estos alumnos necesitaban el apoyo constante del profesor. El 8% calificó de no satisfactorio, ya que tenían menos práctica y menos confianza en su capacidad, como se muestra en la figura.

10. Fomentar las respuestas personales y compartir las ideas.

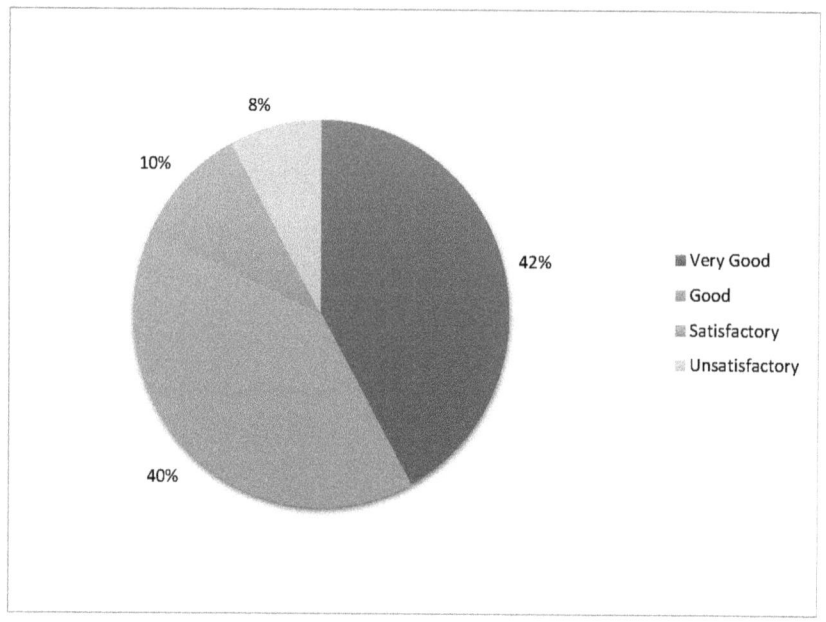

La décima pregunta se basaba en la capacidad de los estudiantes para utilizar eficazmente la estrategia cognitiva y se comprobaba en las respuestas personales y el intercambio de ideas de los alumnos tras el curso. De los 250 participantes, el 42% de ellos, que pudieron expresar ideas innovadoras, pensar críticamente y exponer la relevancia del texto, aceptaron muy bien. El 40% dijo que era bueno, ya que el curso podía animarles a tener autonomía sobre la lectura y la expresión. El 10% de ellos fueron demasiado lentos para expresar sus pensamientos e ideas, que calificaron de satisfactorios. El 8% respondió como no satisfactorio, ya que tenían menos ideas que compartir y les faltaba interés, como se muestra en la figura.

11. Justifica el texto que es relevante para el tema que leí.

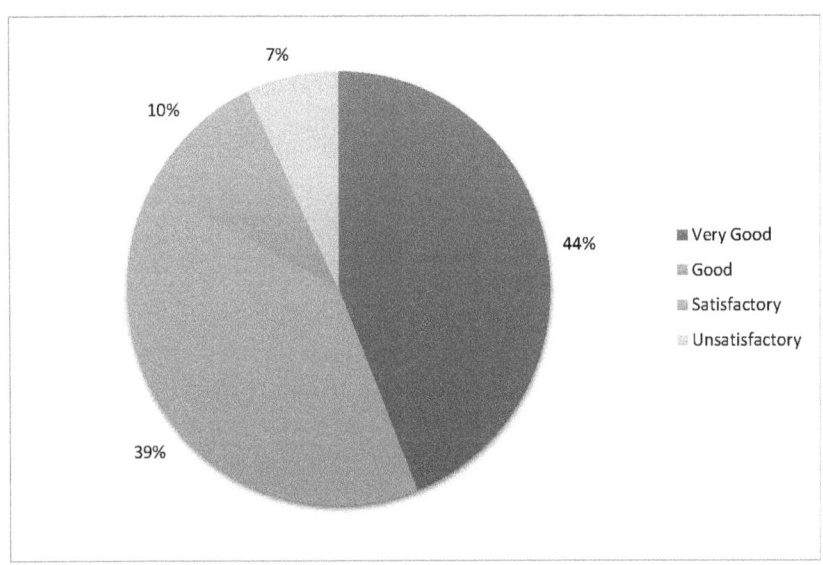

La undécima pregunta evaluaba la capacidad del alumno para justificar el texto y la relevancia del tema. De los 250 participantes, el 44% de los alumnos respondieron muy bien que creían que la habilidad metacognitiva les ayudaba a justificar el texto y su competencia en situaciones de la vida real. El 39% calificó de bueno, ya que pudieron conectar, cuestionar y expresar a diferencia del método convencional de enseñanza. El 10% expresó que era satisfactorio, ya que estos estudiantes eran demasiado lentos para expresar sus juicios. El 7% calificó de no satisfactorio, ya que necesitaban más tiempo para pensar, analizar y llegar a una conclusión sobre el texto dado, como se muestra en la figura.

12. Formular preguntas que estimulen un debate reflexivo.

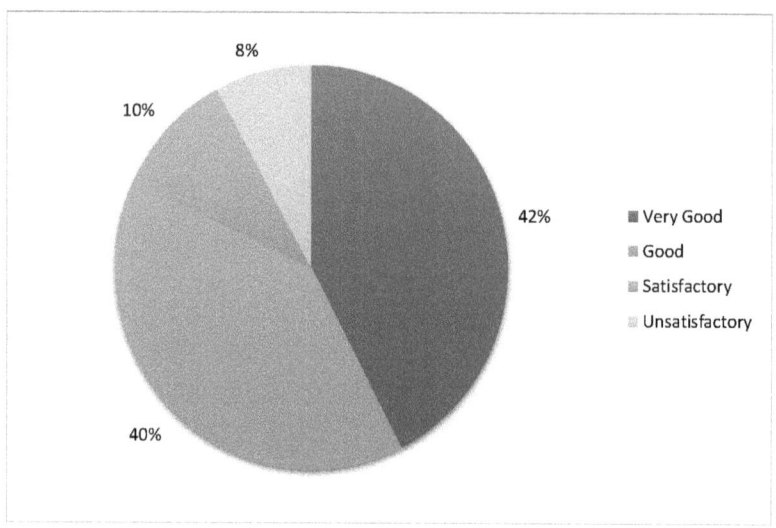

La duodécima pregunta era para inferir la percepción de los estudiantes sobre la Metacognición, si ayuda a formular preguntas que estimulan para una discusión reflexiva. De los 250 participantes, el 42% se sentía cómodo utilizándola, ya que podía inferir después de leer cualquier texto y, por lo tanto, articulaba muy bien. El 40% de los estudiantes aceptó que las habilidades de metacognición son buenas y ayudan a una discusión reflexiva. El 10% de los estudiantes tuvo dificultades para formular preguntas y las expresó de forma satisfactoria. El 8% de ellos ignoró la necesidad de mejorar el curso, por lo que se sintió insatisfecho, como se muestra en la figura.

13. Adquirir confianza como aprendiz independiente.

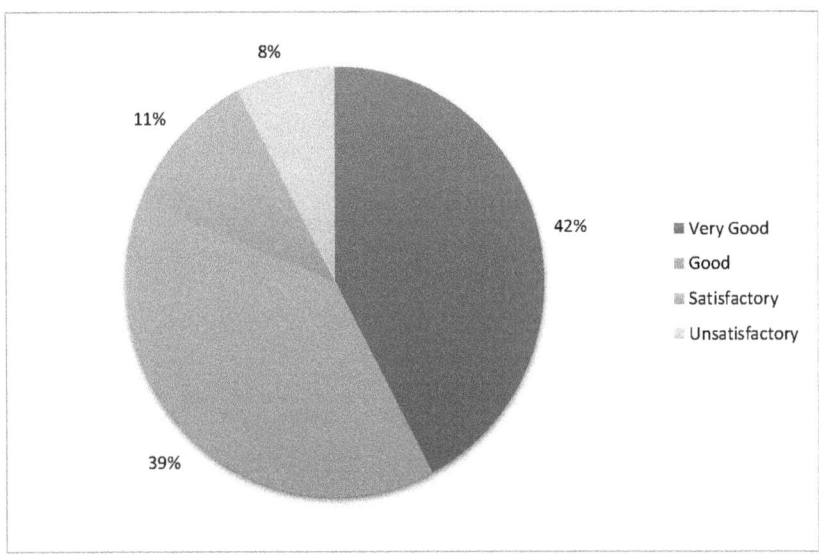

La decimotercera pregunta evaluaba los progresos realizados por los estudiantes como aprendices independientes. De los 250 participantes, el 42% aseguraba que las estrategias de metacognición les habían ayudado y que se habían convertido en aprendices independientes y, por tanto, expresaban que estaban muy bien. El 39% de los estudiantes aceptó que las habilidades de metacognición mejoraron su confianza para la lectura extendida, y evaluó que era buena. El 11% expresó que era satisfactorio, ya que necesitaban un profesor físico que les apoyara en la lectura. El 8% calificó de no satisfactorio, ya que les gustaba el método tradicional de enseñanza, como se muestra en la figura.

14. Aclarar las ideas y obtener la información del texto.

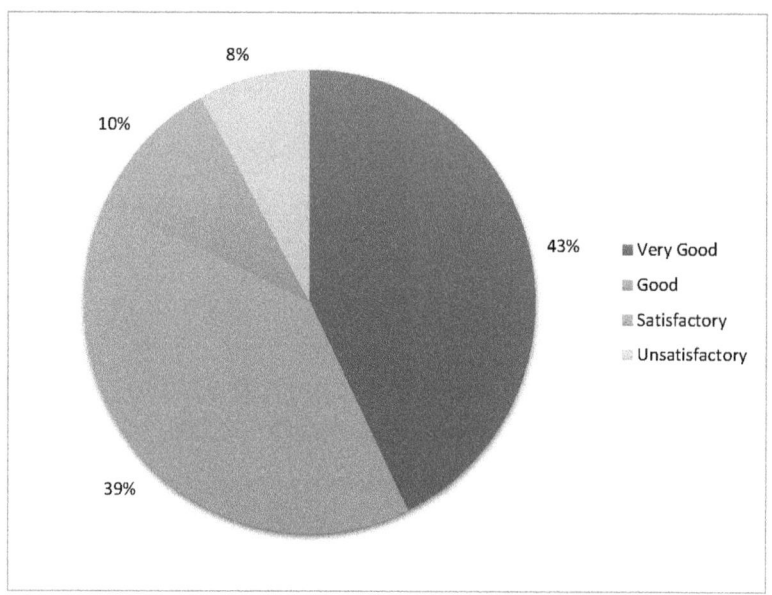

La decimocuarta pregunta se basaba en la habilidad de cognición, que ponía a prueba la capacidad del estudiante para aclarar las ideas y obtener información en el texto. De los 250 participantes, el 43% respondió que era muy bueno, ya que había tenido la oportunidad de utilizar las estrategias de metacognición en las aulas y en situaciones de la vida real y tenía confianza en sus capacidades. El 39% calificó de bueno, ya que aprendieron estas estrategias recientemente y las utilizaron sólo para obtener información del texto en inglés. El 10% se expresó de forma satisfactoria, ya que aprendieron la habilidad de pensar y cuestionar sólo después de la finalización del curso. El 8% calificó de insatisfactorio, ya que consideraba que no era tan bueno como sus compañeros a la hora de aclarar pensamientos y recopilar información, como se muestra en la figura.

15. Predecir lo que podría seguir, utilizando los conocimientos previos y la información del texto.

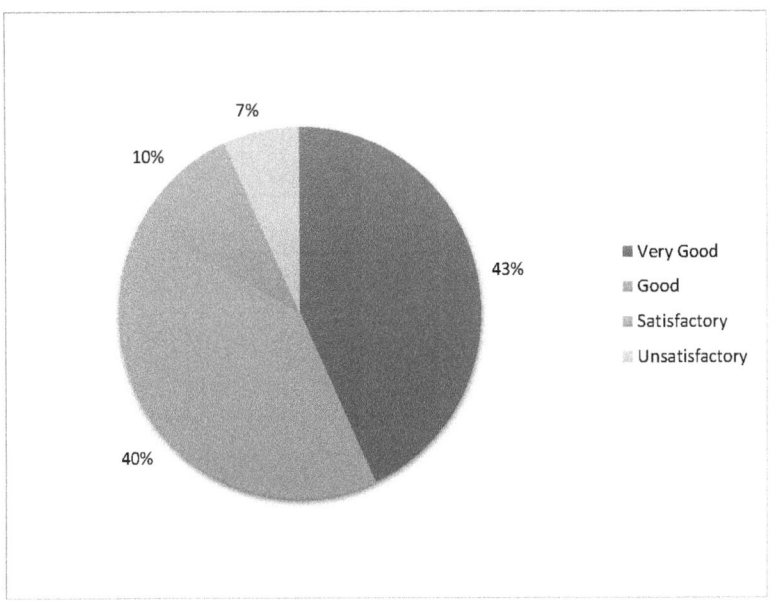

La decimoquinta pregunta se basaba en los conocimientos sobre las habilidades de metacognición adquiridos en los módulos. De los 250 participantes, el 43% había utilizado la técnica de adivinar la siguiente acción con conocimientos previos, que transmitieron muy bien. El 40% valoró bueno, ya que utilizarían y aplicarían estas habilidades al leer el texto. El 10% se expresó de forma satisfactoria, son los que se inclinan por tener más ejercicios sobre estas estrategias. El 7% contestó no satisfactorio, ya que experimentaron que el nivel era alto para que lo aplicaran, como se muestra en la figura .

16. Resume la información del texto.

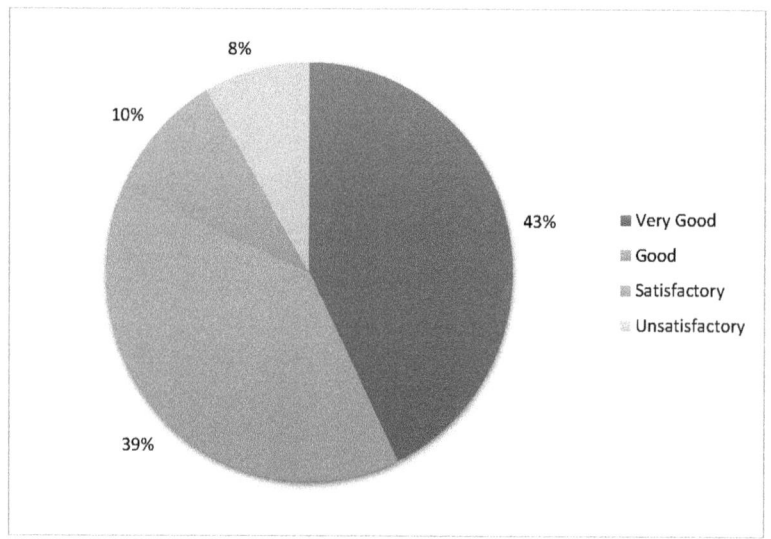

La decimosexta pregunta era para inferir la habilidad de los estudiantes para resumir la información del texto. De los 250 participantes, el 43% comunicó que era muy bueno, ya que los módulos les permitieron mejorar sus habilidades para escanear y resumir la información del texto. El 39% calificó de bueno, ya que fueron capaces de escanear cierta información del texto y resumirla. El 10% de ellos se expresó de forma satisfactoria, ya que expresaron su dificultad para encontrar la información del texto. El 8% calificó de no satisfactorio a quienes habían ignorado mejorar el curso sobre la enseñanza de la lectura, como se muestra en la figura .

17. Desarrollar la comprensión y el pensamiento crítico.

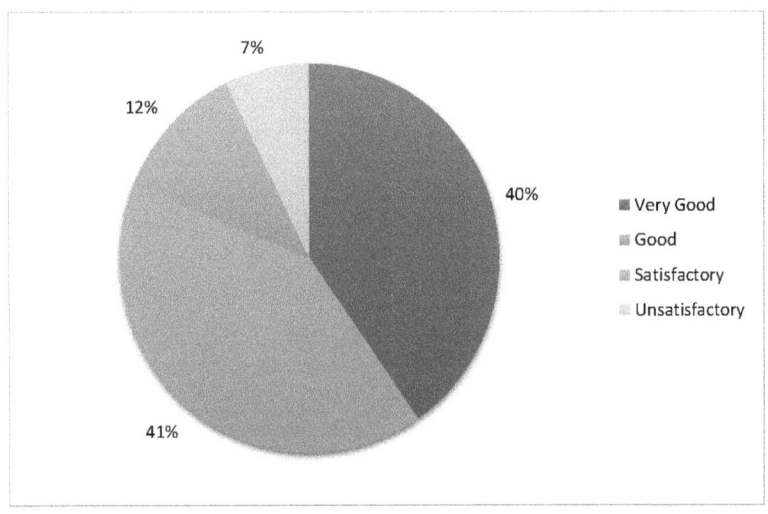

La decimoséptima pregunta era para interpretar y medir cómo los estudiantes desarrollaron la habilidad de comprensión y pensamiento crítico después del curso sobre estrategias metacognitivas. De los 250 participantes, el 40% dijo que era muy bueno, ya que mostraba una forma fácil e inteligente de desarrollar la habilidad de comprensión y pensamiento crítico después del curso de forma efectiva. El 41% calificó de bueno, ya que fueron capaces de averiguar la información del texto y analizarla. El 12% expresó que era satisfactorio, ya que era capaz de comprender pero no de reflexionar críticamente. El 7% calificó de no satisfactorio, ya que habían pasado por alto la mejora de la habilidad de comprensión lectora, como se muestra en la figura.

18. Mejorar la escritura académica y hablar con buenas expresiones.

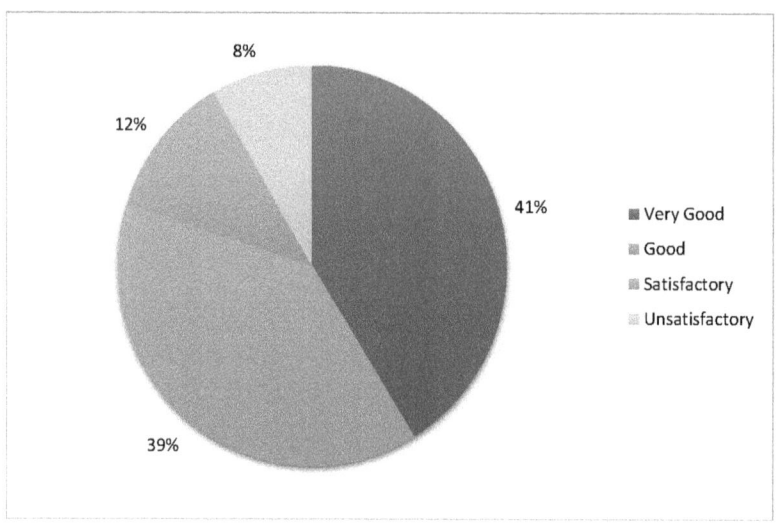

La decimoctava pregunta era para especular sobre las medidas de mejora de la escritura académica y para hablar con buenas expresiones. De los 250 participantes, el 41% reconoció que era muy bueno, ya que les ayudó a adquirir más habilidades sin inhibiciones porque desde la escuela tuvieron la oportunidad de conversar y leer en inglés. El 39% calificó de bueno, ya que pudieron aprender el vocabulario cuando se les enseñó y se utilizó por escrito . El 12% se consideró satisfactorio, ya que no tuvieron acceso a buenos textos o recursos . El 8% calificó de insatisfactorio el hecho de no haber aprendido a leer y, en consecuencia, no haber podido escribir bien, como se muestra en la figura.

19. Construir y mantener el hábito de la lectura.

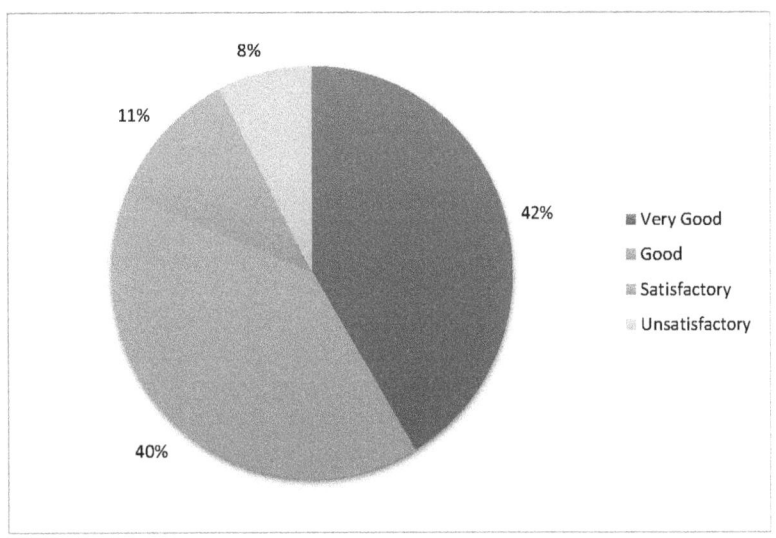

La decimonovena pregunta era para reconocer la capacidad de construir y mantener el hábito de la lectura. De los 250 participantes, el 42% fueron capaces de construir y continuar la lectura extendida fuera del aula después del curso reaccionó muy bien. El 40% también fue capaz de desarrollar el hábito de la lectura después de los ejercicios en el aula y, por tanto, mencionó bien. El 11% de los estudiantes que tenían dificultades para mantener el hábito de la lectura debido a la distracción se declararon satisfactorios. El 8% declaró que no era satisfactorio, ya que se mostraba desinteresado por la lectura, como se muestra en la figura.

20. Desarrollar preferencias de lectura al leer mi materia académica.

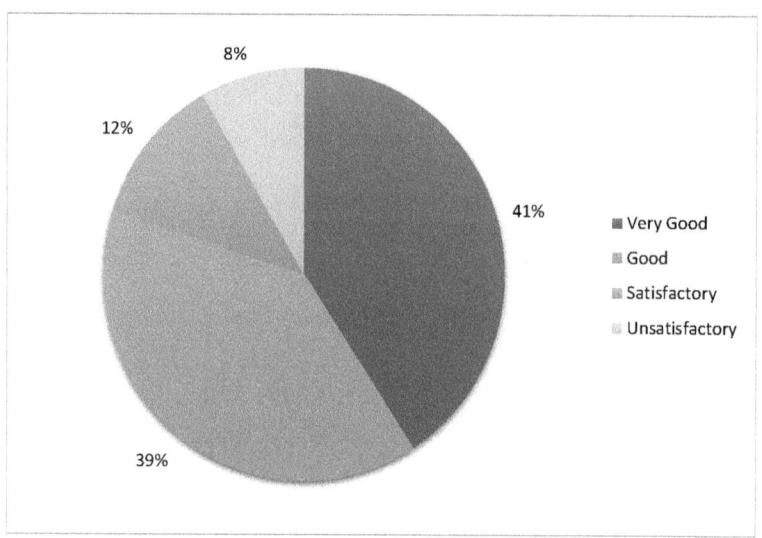

La vigésima pregunta consistía en evaluar las preferencias de lectura que hacían los alumnos al leer su asignatura académica. De los 250 participantes, el 41% respondió muy bien, ya que fueron capaces de elegir el texto que iban a leer, lo que les ayudó a mejorar su puntuación. El 39% calificó de bueno, ya que pudieron desarrollar la habilidad de priorizar el texto. El 12% calificó de satisfactorio a los estudiantes que sólo pretendían completar el curso. El 8% calificó de no satisfactorio, ya que no tuvo ninguna preferencia en el texto que leyó, como se muestra en la figura.

21. Ampliar los conocimientos previos, incluidos los conceptos relacionados con el tema.

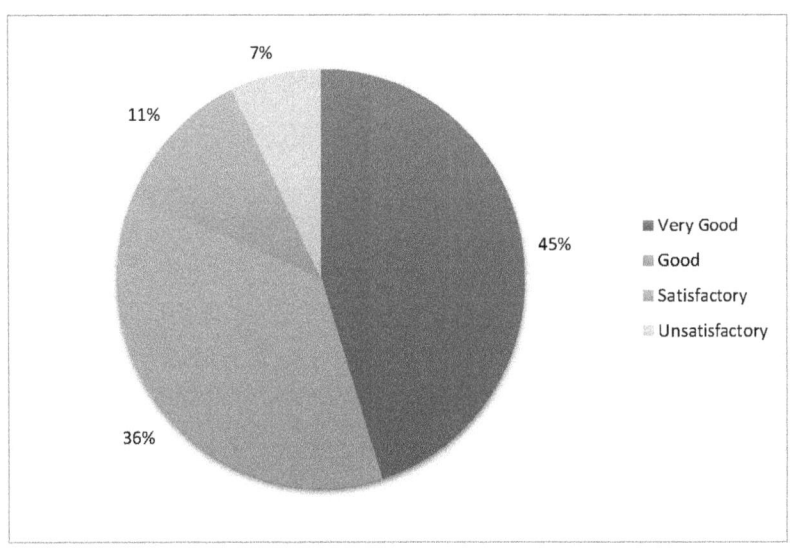

La vigésima primera pregunta consistía en deducir los conocimientos previos del alumno, incluidos los conceptos relacionados con el tema. De los 250 participantes, el 45% contestó que muy bien, que tenía conocimientos previos del tema y fue capaz de conectar con el contenido. El 36% calificó de bueno, ya que también tenía conocimientos previos pero tardó en relacionarse con los conceptos. El 11% calificó de satisfactorio, ya que los alumnos no tenían conocimientos previos de la asignatura y no pudieron relacionarse con el concepto. El 7% calificó de no satisfactorio, ya que tuvieron dificultades para relacionar los conceptos, como se muestra en la figura.

22. Permitir la práctica de estrategias de lectura ampliada con textos de mi elección.

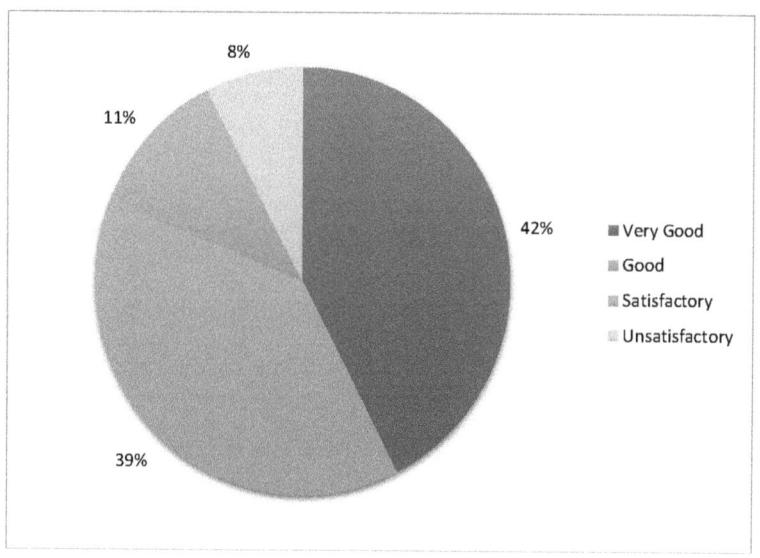

La vigésima segunda pregunta pretendía averiguar los progresos de los alumnos que les ayudaban a practicar estrategias de lectura ampliada con textos de su elección. De los 250 participantes, el 42% de ellos, que practicaban regularmente estrategias de lectura ampliada con textos de su elección más allá del programa de estudios, respondió muy bien. El 39% calificó de Bueno, ya que fueron capaces de practicar estrategias de lectura extendida , pero no pudieron encontrar un texto por sí mismos. El 11% contestó satisfactorio, ya que tuvo dificultades para gestionar el tiempo para practicar las estrategias ampliadas. El 8% calificó como no satisfactorio, ya que tenían complejidad en la enseñanza de la lectura, como se muestra en la figura.

23. Desarrollar mi capacidad de comprensión.

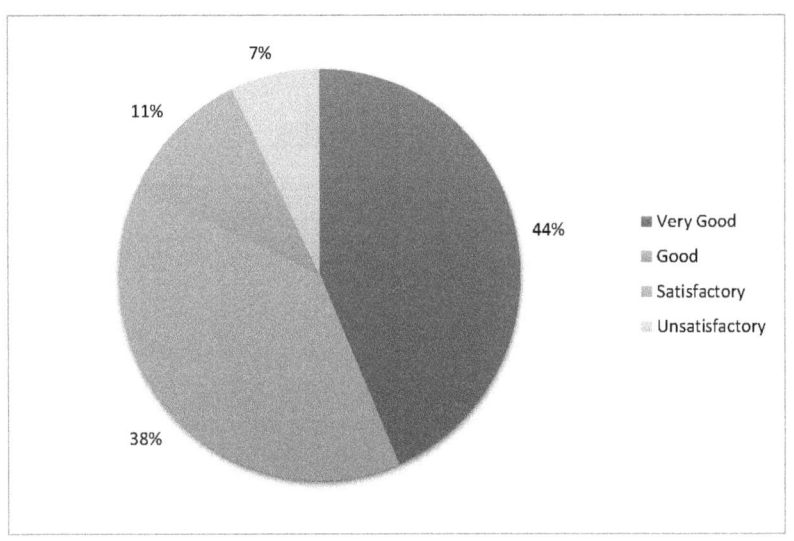

La vigesimotercera pregunta era para inferir el desarrollo de las habilidades de comprensión de los estudiantes después del curso. De los 250 participantes, el 44% pudo comprender y resumir muy bien después del curso, respondiendo muy bien. El 38% respondió bueno, ya que era capaz de comprender y entender el texto dado. El 11% se expresó de forma satisfactoria, ya que encontró dificultades en las técnicas de escaneo del texto dado. El 7% calificó de no satisfactorio, ya que tuvo dificultades para comprender las estrategias de lectura, como se muestra en la figura.

24. Mantener la lectura concentrada durante un tiempo determinado.

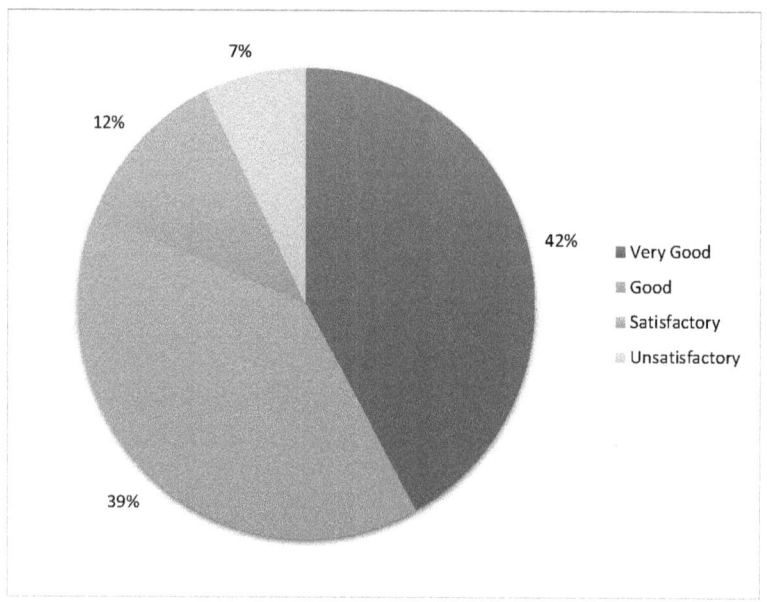

La vigésima cuarta pregunta tenía como objetivo medir la capacidad de los estudiantes para mantener la concentración en la lectura durante un tiempo determinado. De los 250 participantes, el 42% de ellos que utilizaron constantemente las estrategias metacognitivas para mantener la concentración en la lectura durante un periodo de tiempo determinado reaccionaron muy bien. El 39% de los estudiantes también fueron capaces de utilizar las estrategias para mantener la concentración, pero no pudieron ajustarse al período de tiempo declarado bueno. El 12% de ellos se expresó de forma satisfactoria, ya que les costó mantener la concentración hasta el periodo de tiempo determinado. El 7% dijo que no era satisfactorio, ya que no utilizó las estrategias durante la realización de la tarea indicada en la figura.

25. Responsabilizarse de la resolución de problemas que impliquen palabras, significados y características del texto.

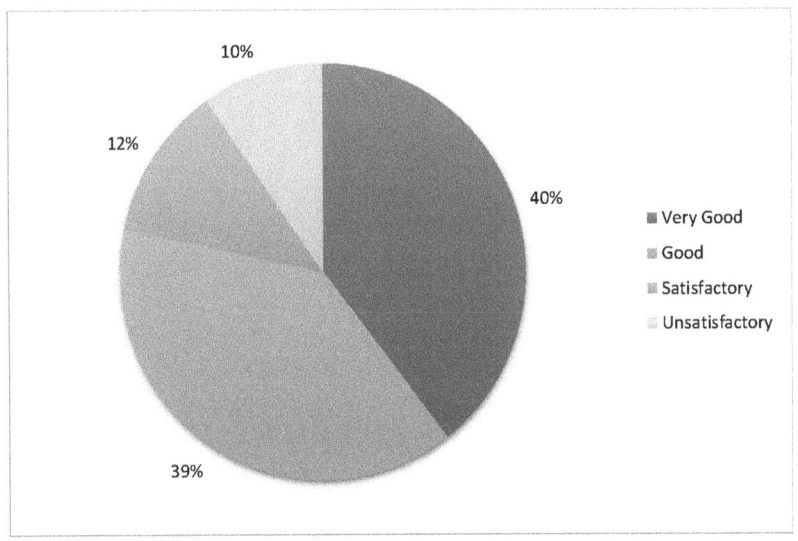

La vigésima quinta pregunta era para comprobar la responsabilidad de los estudiantes en la resolución de problemas que implicaban palabras, significados y características del texto. De los 250 participantes, el 40% era capaz de encontrar de forma independiente los significados y las características del texto, ya que desde el instituto tuvieron la oportunidad de aprender, lo que se deduce que es muy bueno. El 39% demostró estar preparado para resolver problemas con palabras difíciles, y lo calificó de bueno. El 12% expresó que era satisfactorio, ya que podía resolver los problemas y conocer los significados sólo con la ayuda de su profesor. El 10% expresó que no era satisfactorio porque no conocía los significados y las características del texto, como se muestra en la figura.

26. Construir la confianza para intentar textos más complejos y desafiantes.

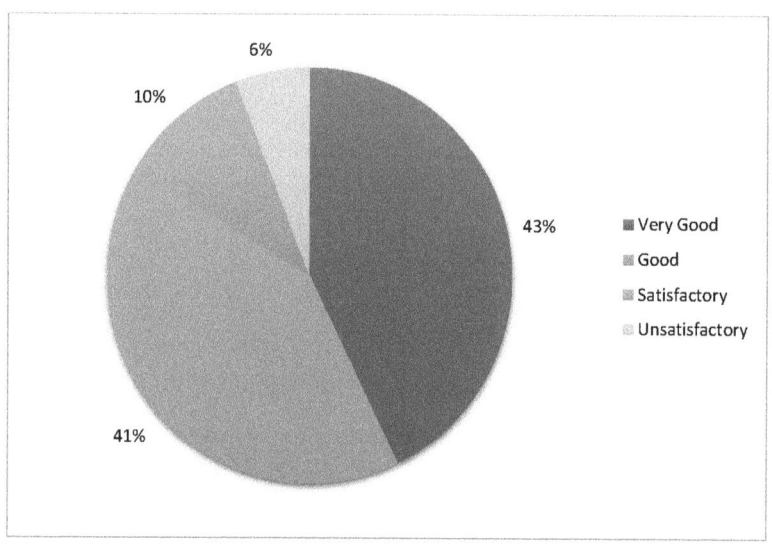

La vigésima sexta pregunta tenía por objeto investigar la confianza en el intento de textos más complejos y desafiantes. De los 250 participantes, el 43% de los estudiantes había desarrollado una excelente confianza para intentar textos difíciles y desafiantes después del curso, lo que se dedujo como muy bueno. El 41% de los alumnos fue capaz de averiguar ciertos textos complejos, declarado bueno. El 10% de ellos respondieron satisfactoriamente, ya que intentarían conocer el texto complejo sólo si el profesor les ayudara. El 6% consideró que no era satisfactorio, ya que no quería intentar conocer ningún texto complejo o desafiante, como se muestra en la figura.

27. Leer en voz alta con fluidez.

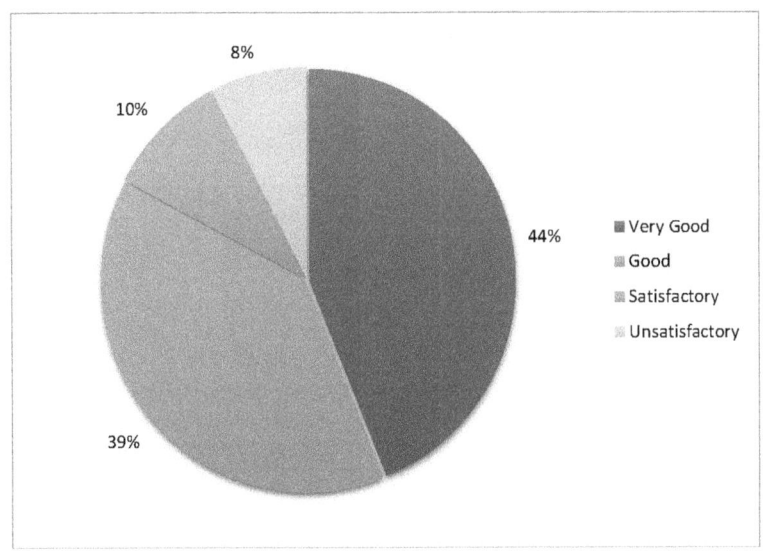

La vigésimo séptima pregunta tenía por objeto deducir la capacidad de los alumnos para leer en voz alta y con fluidez. De los 250 participantes, el 44% son los estudiantes que fueron capaces de leer en voz alta y con fluidez sin ninguna inhibición después de la instrucción, se comunicaron muy bien. El 39% calificó de bueno, ya que tenían confianza en la lectura en voz alta, pero no con fluidez cada vez. El 10% de los alumnos se mostraron satisfactorios, ya que les daba vergüenza leer en voz alta delante de la clase. El 8% no se mostraron satisfactorios, ya que mostraron menos interés en leer en voz alta e impidieron su fluidez en la lectura, como se muestra en la figura.

28. Mejorar mi pronunciación.

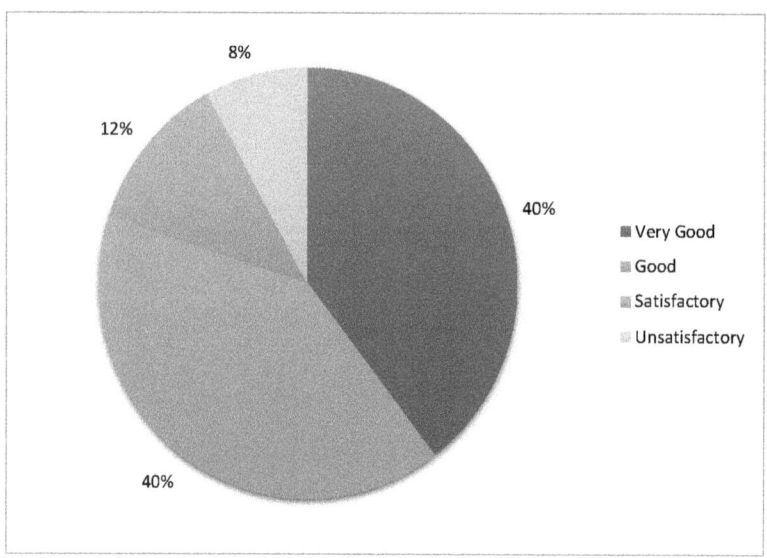

La vigésima octava pregunta tenía por objeto comprobar la mejora de la pronunciación de los alumnos tras el curso de instrucción. De los 250 participantes, el 40% de los alumnos pudo pronunciar correctamente todas las palabras sin hesticidad pronunciadas muy bien. El 40% de los alumnos pudo conseguir la pronunciación exacta de las palabras sin complejidad inferida buena. El 12% expresó que era satisfactorio, ya que tenía dificultades para pronunciar ciertas palabras en un contexto determinado. El 8% calificó de no satisfactorio, ya que mostraron una menor mejora en la pronunciación, como se muestra en la figura.

29. Aumentar mi capacidad de memoria.

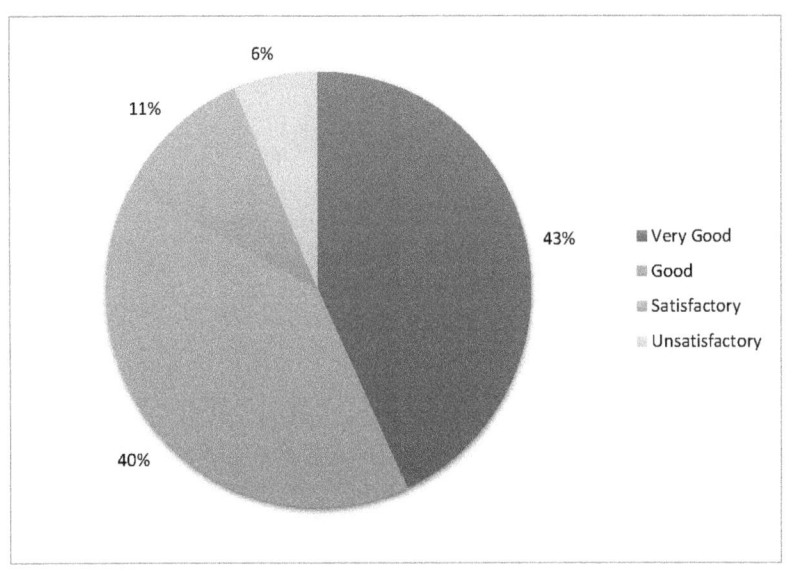

La vigésima novena pregunta tenía por objeto mostrar las medidas de aumento de la capacidad de memoria de los alumnos en los distintos niveles. De los 250 participantes, el 43% de los estudiantes fueron capaces de retener todo lo que leyeron y obtuvieron un buen poder de memoria después del curso, mencionado como muy bueno. El 40% fue capaz de retener los conocimientos, pero no todo lo que leyó lo calificó de bueno. El 11% se expresó de forma satisfactoria, ya que pudo retener los conocimientos sólo durante un periodo momentáneo. El 6% calificó de no satisfactorio, ya que tuvo problemas para mejorar su capacidad de memoria incluso después del curso, como se muestra en la figura.

30. Mejorar mis conocimientos generales.

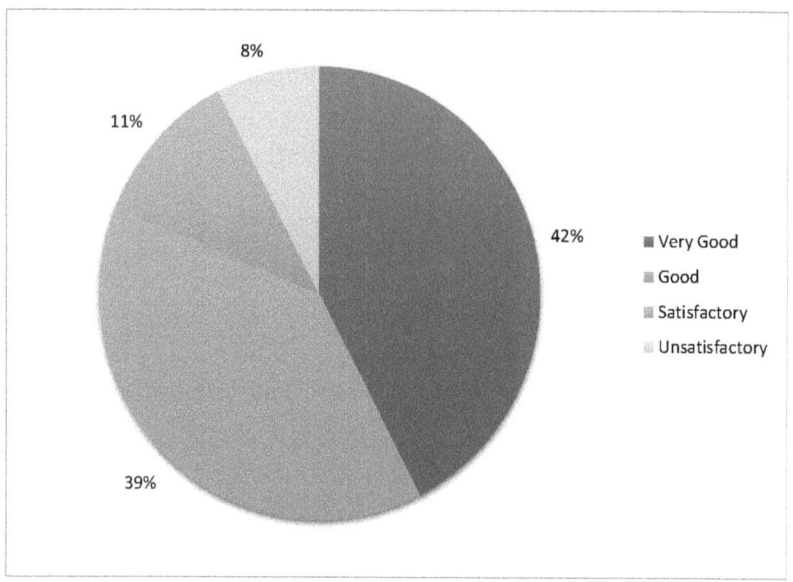

La trigésima pregunta era para comprobar la mejora de los conocimientos generales de los alumnos. De los 250 participantes, el 42% de los estudiantes desarrollaron un excelente conocimiento general después de utilizar las estrategias metacognitivas, y respondieron "muy bien". El 39% de ellos fue capaz de adquirir una buena cantidad de conocimientos generales después de utilizar las estrategias, que fueron calificadas de buenas. El 11% encontró dificultades para mejorar sus conocimientos generales durante el curso y dijo que era satisfactorio. El 8% no se sintieron satisfechos, ya que no pudieron mejorar sus habilidades, como se muestra en la figura.

Resumen

En resumen, 250 estudiantes expresaron que los módulos innovadores basados en actividades con estrategias de metacognición constituían un aprendizaje útil y significativo. Las estrategias de lectura metacognitivas son vitales para el aprendizaje y la adquisición de buenas habilidades de lectura. El estudio significa que las estrategias eficaces utilizadas en el aula ayudan y apoyan a los alumnos divergentes a mejorar otras subhabilidades como el vocabulario, la gramática, la pronunciación, la comprensión oral y la escritura. Es importante que todos los profesores de inglés apliquen la creatividad en la enseñanza, lo que hará que incluso los alumnos divergentes o lentos participen activamente y adquieran habilidades de aprendizaje. Esto crearía la oportunidad de desarrollar habilidades de lectura efectivas. En resumen, la investigación ha demostrado que los estudiantes universitarios pueden mejorar su capacidad de comprensión lectora, disfrutar de la lectura y adquirir el hábito de pensar y cuestionar mediante estrategias metacognitivas.

CAPÍTULO V
CONCLUSIÓN

Visión general del estudio

El estudio investigó la importancia o el protagonismo de las estrategias metacognitivas en el desarrollo de la lectura entre los alumnos divergentes. El estudio comprendió 250 estudiantes de grado en un aula heterogénea entre el grupo de edad de 17 a 19 años. Para medir el nivel del alumno, se realizó un pre-test. Analizando las puntuaciones, se formuló un programa de estudios detallado con 45 módulos que utilizaban estrategias metacognitivas innovadoras. El programa de estudios se impartió durante 60 horas a los alumnos con actividades y hojas de trabajo en dos semestres consecutivos. Después de la preevaluación, se realizó una prueba posterior. Las estrategias metacognitivas tuvieron un gran impacto en el desarrollo de la lectura entre los jóvenes estudiantes. El estudio proyecta la asociación entre la conciencia de las estrategias metacognitivas de lectura y el desarrollo de la lectura entre los alumnos divergentes.

La prueba T indica las diferencias en las puntuaciones del pre-test y del post-test. La prueba indica claramente que los estudiantes obtuvieron mejores resultados en la prueba posterior. Además, la prueba indica que **el valor t es igual a -9,65157. El valor p es < 0,00001. El resultado es significativo a α < .05. También se calculó la prueba de distribución normal, cuyo valor crítico es igual a -1,651 y el valor p es 0. 0001.** Por lo tanto, se rechaza la hipótesis nula demostrando que existe una diferencia significativa. Se puede declarar que hubo un cambio notable en el rendimiento de los estudiantes en la prueba posterior después de la finalización con éxito de los 45 módulos y actividades innovadoras de lectura metacognitiva. Los resultados indicaron que más del 84% de los estudiantes confiaban en que las estrategias de lectura metacognitiva eran un gran apoyo para ganar confianza al intentar leer textos complejos y comprenderlos. Alrededor del 80% de los estudiantes declararon estar muy motivados al utilizar la estrategia y desarrollar la habilidad lectora mediante la práctica. El 83% de los estudiantes aseguró que las actividades metacognitivas les ayudaron a convertirse en aprendices independientes y a adquirir todo el proceso de lectura. Los resultados demostraron que el 77% de los estudiantes utilizaron la estrategia de lectura metacognitiva que les ayudó a mejorar el uso de la gramática y la estructura de las oraciones. Del mismo modo, el 76% de los estudiantes reconocen que las técnicas metacognitivas les ayudaron a mejorar el vocabulario y la expresión oral. Los resultados de la investigación confirmaron que el 82% de los alumnos adquirieron un pensamiento crítico, ideas reflexivas y resúmenes, y mantuvieron el hábito de la lectura y desarrollaron la capacidad de comprensión.

Los resultados mostraron que el 81% de los estudiantes utilizaron estrategias de lectura metacognitiva y ampliaron sus conocimientos previos y conceptos. El 83% de los estudiantes creía que las estrategias de lectura metacognitiva activaban sus conocimientos previos, su capacidad de memoria y sus habilidades de predicción, mientras que el 82% de los estudiantes podía aclarar sus ideas y obtener información del texto al utilizar estrategias de lectura metacognitiva. Alrededor del 80% de los estudiantes universitarios aseguraron que los módulos de Lectura Metacognitiva y las actividades innovadoras eran beneficiosos para el desarrollo general de la lectura y que les beneficiaban en la lectura académica.

El impacto específico de las estrategias metacognitivas en la lectura es el siguiente:

- Los alumnos que utilizan estrategias de lectura metacognitivas durante y después de la lectura tienen mucho éxito en la actualización académica así como en otras subhabilidades que los alumnos que no utilizan las estrategias.
- En los aprendices divergentes, así como en los rápidos, existe una asociación optimista de la cognición y las estrategias de lectura.
- Los alumnos mejoran la destreza de hojear, escanear y leer de forma extensiva e intensiva.
- Los alumnos adquieren un proceso global de estrategias de lectura.

Implicaciones pedagógicas

El facilitador o el profesor en el aula necesita integrar la conciencia de la estrategia de lectura metacognitiva a los estudiantes. Los profesores deben introducir una estrategia específica en los módulos de pre-lectura, lectura y post-lectura. La formación y la enseñanza de las estrategias de lectura deben extenderse de forma regular a través de una variedad de materiales de lectura de periódicos, revistas, blogs de Internet, artículos y libros de texto. El significado y la eficacia de las estrategias deben explicarse y discutirse con los alumnos. Los profesores deben enseñar la estructura del texto explicativo e inculcar la estrategia para manejar el texto expositivo. Hacer hincapié en la enseñanza de la lectura en las cinco áreas del Panel Nacional de Lectura: fluidez, fonética, comprensión, vocabulario y conciencia fonémica.

Limitaciones del estudio

El estudio se llevó a cabo para acceder a las habilidades de lectura entre los estudiantes divergentes de grado, utilizando exclusivamente las habilidades metacognitivas. La primera limitación encontrada fue que la universidad estaba formada por un gran número de estudiantes de grado, por lo que el estudio se limitó a un programa concreto. Cada programa contaba con estudiantes de diferente procedencia y el investigador sólo pudo elegir un curso de estudiantes como población de muestra. El investigador sólo podía realizar el debate en grupo de toda la clase en una hora, lo que suponía una limitación de tiempo, especialmente en las clases con mayor número de alumnos. El investigador no pudo observar a los estudiantes durante la lectura extendida porque la mayor parte de la lectura tuvo lugar fuera de las horas de clase; esta observación habría sido más productiva para comprender las estrategias utilizadas por los estudiantes en el desarrollo de la lectura y para mejorar las estrategias de lectura metacognitivas. Por ello, la evaluación en módulos y actividades durante la hora de clase se convirtió en la parte importante del estudio.

Ámbito de estudio

El objetivo del estudio era el empleo de estrategias de lectura entre los alumnos divergentes, especialmente mediante el uso de estrategias metacognitivas. Aunque hay muchas investigaciones realizadas sobre las habilidades de lectura, este estudio opta por hablar de la importancia de las estrategias metacognitivas en la conciencia de la lectura entre los estudiantes divergentes de grado. Esta investigación debe considerarse como una investigación empírica y de acción que puede aplicarse en todas las circunstancias. La familiaridad de las estrategias metacognitivas de lectura puede proporcionar resultados únicos, por lo que el investigador anima el concepto de este estudio a una mayor exploración. Si la investigación se repite con otros estudiantes de otros cursos, los resultados pueden variar. Por lo tanto, se puede realizar un examen más profundo para explorar a los estudiantes que utilizan estrategias metacognitivas en otras áreas básicas. A largo plazo, el investigador puede incorporar las implicaciones tecnológicas de la información y la comunicación en el estudio, de modo que todas las preguntas puedan ser respondidas en futuros estudios. El investigador también puede explorar los factores de los hábitos de lectura en línea y el rendimiento.

Conclusión:

El estudio destacó que los estudiantes divergentes de la licenciatura se mostraron optimistas sobre el uso de las habilidades metacognitivas en las estrategias de lectura. Una de las mejores formas de enseñar la destreza lectora es utilizar actividades innovadoras a través de estrategias metacognitivas que se convierten en una interesante pedagogía en el aula de inglés. Las estrategias metacognitivas de lectura que se enseñan como una habilidad aprendida en los estudiantes se convierten finalmente en una habilidad habitual. Los estudiantes revelaron que las estrategias metacognitivas les permitieron adquirir más conocimientos y mejorar otras subhabilidades, como la composición escrita, el vocabulario y los componentes gramaticales, que los estudiantes a los que se les enseñó con el método redundante de tiza y charla.

El resultado de este estudio alienta vivamente los beneficios de las estrategias de lectura metacognitiva entre los alumnos divergentes y ha mostrado un desarrollo positivo en la comprensión lectora. Los profesores de inglés también tienen la responsabilidad de concienciar a los alumnos para que piensen en los conceptos que leen. La práctica regular de las estrategias de lectura puede ayudar a los alumnos a obtener una mayor remuneración en el desarrollo de la lectura.

Resultados

Los estudiantes serán capaces de

➢ Pensar de forma analítica y crítica y relacionar el texto leído con experiencias anteriores y actuales.

- Adoptar estilos de lectura, la necesidad de interactuar con textos auténticos y potenciar la conciencia crítica.
- Dar sentido al texto adquiriendo conocimientos sintácticos, morfológicos, generales, socioculturales y de género.
- Persuadir para que sigan leyendo en inglés fuera del aula.
- Desarrollar todas las demás tareas, como el uso de libros de texto, la adquisición de vocabulario, la adquisición de gramática, la pronunciación, la toma de notas y la ortografía.
- Reconocer la trama, el personaje, la catástrofe, el tipo de género.
- Continuar con éxito sus estudios académicos y convertirse en alumnos independientes, sin forzarlos.

BIBLIOGRAFÍA

Afflerbach, P. Informes verbales y análisis de protocolos. En M. L. Kamil, P. B. Mosenthal, P. D. Pearson, & R. Barr (Eds.), Handbook of reading research. Volumen III, 2000, pp. 163-179.

Aggarwal, V. R. "A Study of Reading Ability in Relation to certain Cognitive and Non-cognitive Factors", Tesis doctoral, 1981.

Anthony Onwuegbuzie, J. et. Al., "Reading Comprehension among African American Graduate Students". The Journal of Negro Education, Special Focus: Parenting, Family, and Youth, Vol. 73, No. 4, 2004, pp. 443-457.

Alderson, J.C. Assessing reading. Cambridge University Press, 2000, pp. 2- 472.

Alderson, J.C. y Lukmani, Y. "Cognición y lectura: niveles cognitivos plasmados en las preguntas de los exámenes". Reading in a Foreign Language. 5, n° 2, 1989a, pp. 253-270.

Alshammari, M.K. "El efecto del uso de estrategias metacognitivas para el rendimiento y la tendencia hacia los estudios sociales para los estudiantes de las escuelas intermedias en Arabia Saudita". Revista Internacional de Educación, Aprendizaje y Desarrollo, vol. 3, n° 7, 2015, pp. 47-50.

Alyousef H.S. Teaching Reading Comprehension to ESL/EFL Learners. The Reading Matrix. 2005, pp 143-154.Retrieved from readingmatrix.com/articles/alyousef/article.pdf.

Ausubel, D.P. The Psychology of Meaningful Verbal Learning, 1963, pp. 3-56.

Barry, P. Beginning Theory an Introduction to Literal and Cultural Theory. Manchester University Press, 2002, pp.4.

Bigge, M. L & Shermis, S. S. Learning Theories for Teachers (6ª edición). Longman, 1999, pp.133.

Brown, A. L., "Metacognitive development and reading". En R.J. Spiro, B. Bruce y W.F. Brewer (eds.) Theoretical issues in reading comprehension, 1980, pp 393 - 481.

---, & Palincsar, A. S. "Guided, cooperative learning and individual knowledge acquisition". En L. Resnick (Ed.), Knowing, learning, and instruction: Essays in honour of Robert Glaser Lawrence Erlbaum Associates, 1989, pp.395-491.

---, & Campione, J. C. "Entrenamiento de la distribución estratégica del tiempo de estudio en la inteligencia de los niños retrasados educables". 1977, pp. 94-107.

Bruner, J. Mentes reales: Possible Worlds. Cambridge: Harvard University, 1986, pp.5- 10.

Bukatko D. & Daehler, M.W. Desarrollo del alumno: Un enfoque temático. 2001, pp.24-27.

Carrell, Patricia L. J.C. "Schema theory and ESL reading pedagogy. "TESOL Quarterly, 17(4), 1983, pp. 553-573.

Chandrakanthi, R. "Study of the level of Reading Speed and Comprehension of First Year Diploma Students", M.Phil. Dissertation, 1991.

Chamot, A. U. "Acelerar el rendimiento académico de los estudiantes de inglés: Una síntesis de cinco evaluaciones del Modelo CALLA". En J. Cummins & C. Davison (Eds.), The international handbook of English language learning, Part I, Springer Publications 2007, pp. 317-331.

Chang C. "Effects of Topic Familiarity and Linguistic Difficulty on the Reading Strategies and Mental Representations of Non-Native Readers of Chinese". Journal of Language and Learning, vol. 4, n° 2, 2006, pp. 172-198.

Cross, D. R., & Paris, S. G. "Developmental and instructional analyses of children's metacognition and reading comprehension". Journal of Educational Psychology, 80(2), 1988 pp.131-142. doi.org/10.1037/0022-0663.80.2.131.

Dass, P.A. "A study of Reading Comprehension in English of Students of English Medium Secondary School of standard X of Central Gujarat in the Context of some Socio

Psycho Factors". Ph.D., Edn. SPU. Fourth Survey of Research in Education, 1984, pp. 629.

Día. Lectura extensiva en el: Second language classroom. Cambridge University Press, 1998, pp. 8-12.

David Crystal D. The Cambridge Encyclopaedia of the English Language, 2a ed. Cambridge University Press, 2003.

---, The English Language: A Guided Tour of the Language, 2ª ed, Penguin books Ltd, 2005, pp. 2-54.

David Graddol, English Next India: The future of English in India, British Council, 2010, pp.120.

Davis, C. "Lectura extensiva: ¿una extravagancia cara?" ELT Journal, vol. 49, 1995, pp. 329.

Devi Vimala R. S. Individual-investment in meaning-making: Una conceptualización en el diseño curricular de ESL. Tesis de doctorado.1986.

Doff, A. Manual del formador: Teach English A training course for teachers. Cambridge University Press, 1997, pág. 170.

Driscoll, M.P. Psicología del Aprendizaje para la Instrucción, 1994, pp.208.

Eckert, L. S. "Salvando la brecha pedagógica: Intersecciones entre las teorías literarias y de la lectura en la enseñanza secundaria y postsecundaria de la alfabetización". Journal of Adolescent & Adult Literacy, 52(2), 2008, pp. 110-118.

Engelbrecht, P. y Green, Promoting Learner Development: Preventing and Working with Barriers to Learning. Pretoria, 2001, pp. 83- 86.

Eskey, D. y Grabe, W. "Interactive models for second language reading: perspectives on instruction", en Carrell, P., Devine, J. y Eskey, D. (Eds.), "Interactive approaches to second language reading", Cambridge University Press, 1998, pp. 3-23.

Elwér, A. "Predictores tempranos de las dificultades de comprensión lectora". Universidad de Linkoping: Departamento de Ciencias del Comportamiento y del Aprendizaje. (2014).

Falk-Ross, F. C. "Hacia una nueva alfabetización: Cambios en las estrategias de comprensión lectora de los estudiantes universitarios tras la realización de proyectos de lectura/escritura": Los estudiantes matriculados en una clase de desarrollo de la lectura en la universidad utilizaron técnicas de alfabetización crítica para mejorar las habilidades de lectura y escritura. "Journal of Adolescent & Adult Literacy, 45(4), 2001-2002, pp. 278-289.

Flavell, J. H. Metacognición y seguimiento cognitivo: Una nueva área de investigación del desarrollo cognitivo. American Psychology, 25, 1979, pp. 906-911.

---, Especulaciones sobre la naturaleza y el desarrollo de la metacognición. Metacognición, motivación y comprensión. Lawrence Erlbaum Associates, 1987, pp.35-60.

---, Aspectos metacognitivos de la resolución de problemas. La naturaleza de la inteligencia. Recuperado de www.education.com/reference/article/metacognition/#A 1976, pp. 231-238.

---, et.al, J. D. Developmental changes in memorization processes. Cognitive Psychology, 1, 1970, pp. 324-340.

Fisher, R. "La interacción profesor-alumno en la enseñanza de la lectura: Una revisión de las perspectivas de investigación durante veinticinco años". Revista de Investigación en Lectura. 28, (1), 2005, pp. 15-27.

Gough, P. B. Modelos teóricos y procesos de lectura. En J.F. Kavanagh & I.G. Mattingly (Eds.), Language by Ear and by Eye, 1972, pp. 661-685.

Goodman, K.S. "La lectura: Un juego de adivinanzas psicolingüísticas". Journal of the Reading Specialist, 6, 1976, pp.126-135.

Grabe, W. Reading research and its implications for reading assessment. En A. Kunnan (Ed.), Fairness and validation in language assessment -Studies in Language Testing 9, 2000, pp. 226-262.

Grabe, W., & Stoller, F.L. Teaching and Researching reading. Pearson Education, 2002, pp.10-16.

Grellet, F. El desarrollo de la capacidad lectora: Una guía práctica de ejercicios de comprensión lectora. Cambridge University Press, 1996, pp. 2-96.

Greenall, S. y Swan, M. Effective Reading: Reading Skills for Advanced Students, Cambridge University Press, 1986, pp. 3.

Hacker, Douglas J., John Dunlosky y Arthur C. Graesser (Eds.). Handbook of Metacognition in Education, 2009, pp. 23-36.

Haas, T. y Parkey F.W. "What can I become: Las aspiraciones educativas de los estudiantes en la América rural. " ERIC Digest. ERIC Clearinghouse on Rural and Education and Small Schools. ERIC Document Reproduction Service No. ED 345 931, 1992, pp.108 - 144.

Harris, K. R., et.al. Instructional recommendations for teaching writing to exceptional students. Exceptional Children. 54, 1988, pp.506-512.

Harri-Augstein, S., Smith, M., & Thomas, L. Reading to learn. Methuen & Co, 1982, pp.3.

Hennessey, M. G. "Probing the dimensions of metacognition: Implicaciones para la enseñanza-aprendizaje del cambio conceptual". Documento presentado en la reunión anual de la National Association for Research in Science Teaching, 1999, pp. 3-5.

Huey, E. B. The psychology and pedagogy of reading. MIT Press, 1968, pp. 210.

Hudson, T. Teaching second language reading. Oxford University Press, 2007, pp. 75-77.

Hudson, I.L., M.R. Keatley y A.M.I. Roberts. Statistical Methods in Phonological Research, en Statistical Solutions to Modern Problems. Proceedings of the 20th International

Workshop on Statistical Modelling, eds. A. R. Francis, K. M. Matawie, A. Oshlack y G. K. Smyth, 2005, pp.259-270.

Jeremy Harmer, The Practice of English Language Teaching. Pearson Education Limited, 2001, pp.210.

Johnson P. "Effects on Reading Comprehension of Language Complexity and Cultural Background of a Text". TESOL Quarterly, Johnson, vol.15, 1981, pp. 169-181.

Kail, R.V. Los niños y su desarrollo (2ª edición). 2001, pp.150-152.

Kantawala, N.N. "Investigation into the Reading Attitudes of High School Students of Kaira District", tesis doctoral, 1980.

Kemalettin Yigiter. et.al. "Reading Strategies employed by ELT Learners at the advanced level", The Reading Matrix, Vol. 5, No.1, pp.124-27.

King, A.H. "Some Principles of Advanced Reading Instruction". ELT English Language Teaching Journal, vol: xxxiii, 1978, pp. 38-45.

Kluwe, R. H. Conocimiento cognitivo y control ejecutivo: La metacognición. En D. R. Griffin (Ed.), Animal mind -- human mind, 1982, pp.201-224.

Koppar, B. "An Enquiry into Factors Affecting Reading Comprehension in English", tesis doctoral, 1970.

Kuhn, D. & Dean, D. Un puente entre la psicología cognitiva y la práctica educativa. Theory into Practice, 43(4), 2004, pp.268-273.

LaBerge, D., & Samuels, S. J. Toward a theory of automatic information processing in reading. Cognitive Psychology, 6(2), 1974, pp.293-323.

Lucía María. "The role of early linguistic awareness in children's reading and spelling", Tesis Doctoral, Universidad de Oxford, 1991.

Marco Curricular Nacional, disponible en línea en www.ncert.nic.in/html/framework 2019.

Panel Nacional de Lectura. "Teaching children to read: An evidence based assessment of the scientific research literature on reading and its implications for reading instruction", National Institute of Child Health and Human Development, 2000, recuperado de www.nationalreadingpanel.org.

Nash-Ditzel, S. "Las estrategias de lectura metacognitivas pueden mejorar la autorregulación. " Journal of College Reading and Learning, 40(2),2010, pp. 45-59.

Nelson, T. O., y Narens. L. "Una nueva técnica para investigar el sentimiento de saber. " Act Psychology, 46, 1980 a, pp. 1- 25.

Nuttall, C. Teaching Reading Skills in a Foreign Language, 2nd Edn. Macmillan, 1996, pp.4-50.

---, Teaching Reading Skills in a Foreign Language. Heinemann Educational, 1982, pp.100-145

---, Teaching Reading Skills in a Foreign Language, 2ª ed., Oxford: Macmillan, 2005, pp- 62-114.

McDonald, M. Systematic assessment of learning outcomes; Developing multiple choice exams, Jones and Bartlett Publishers, 2003, pp. 54.

Michael E. Martínez. "¿Qué es la metacognición? Volumen: 87 número: 9, 2006, pp.696-699.doi.org/10.1177/003172170608700916.

Mitchell, D.C., El proceso de lectura: En R.N. Campbell & P.T. Smith (Eds.), Recent advances in the psychology of language-formal and experimental Approaches, 1982, pp.91-101.

Moon, J. A. Diarios de aprendizaje: A handbook for reflective practice and professional development (2ª ed.). Routledge. 2006, pp. 17.

O'Neill, P. Metacognitive strategies and reading achievement among developmental students in an urban community college. Reading Horizons (32) 4, 1992, pp.316-330.Recuperado de scholarworks.wmich.edu/cgi/viewcontent.cgi?article=157.

Omaggio Hadley, A. Teaching language in context (2ª ed.), Capítulo 3: On teaching a language - Principles and priorities in methodology, 1993, pp. 73-124.

Pearson, P. D. y Stephens, D. "El aprendizaje de la alfabetización: Un viaje de 30 años". En Ruddell, R., Ruddell, M., Singer, H. (Eds.), Theoretical models and processes of reading International Reading Association. 1994, pp. 22-47.

Pearson, P. D. & Tierney, R. "On becoming a thoughtful reader: Aprender a leer como un escritor". En A.C. Purves, & O. Niles (Eds.), Becoming readers in a complex society,). University of Chicago Press, 1984, pp.144-173.

Perfetti, C. Capacidad de lectura: De la calidad léxica a la comprensión. Estudios Científicos de la Lectura, 8, 2007pp. 293-304.

Phakiti, A. 'A Closer Look at the Relationship of Cognitive and Metacognitive Strategy Use to EFL Reading Achievement Test Performance', Language Testing, vol. 20, no.1, 2003, p.26-56.

Piaget, J., y Cook, M. T. Los orígenes de la inteligencia en los niños. International University Press. 1952, pp. 7.

Pugh, A.K. Lectura silenciosa. Heinemann Educational, 1978, pág. 53.

Ransom, G.A. Preparing to Teach Reading. Little Brown Company.1978, pp. 14-15.

Richards, et.al. The Context of Language Teaching, Cambridge University Press.1985. pp.400-405.

Roe, B. D., & Smith, S. H. Teaching reading in today's elementary schools. Houghton Mifflin Company, 2012, pp. 25.

Rumelhart, D.E. Schemata: the building blocks of cognition. En Spiro, R.J. et al. (ed.). 1980, pp.123-156.

Runco, M. A. Pensamiento divergente y rendimiento creativo en niños superdotados y no superdotados. Medición educativa y psicológica, 2016, pp . 12-30.

Samuels, S.J. & Kamil, M.L. Modelos del proceso de lectura. En Carrell, P., Devine, J. & Eskey, D. (Eds.), Interactive approaches to second language reading. Cambridge University Press. 1988, pp.22-36.

Saravinolini, F. "A Linguistic Study on Communicative Competence of the I Year Degree Class Students with Reference to the Reading and Writing Skill", M.Phil. Dissertation, 1997.

Sekara, A.T. Una aproximación a la lectura con fines académicos. Una antología del Foro. Volumen: IV, 1984-1988, pp. 121-126.

Shah, J.H. "A Comparative Study of Some Personal and Psychological Variable and Reading Comprehension" (Estudio comparativo de algunas variables personales y psicológicas y la comprensión lectora), tesis doctoral, 1979.

Seliger, H.W. y Shohamy, E. Second language research methods. Oxford, 1989, pp.231.

Shahidullah, M. "Product and Process View of Reading and Their Pedagogical Implications". Estudios de la Universidad de Rajdhani. Parte A. Vol. 23-24.1995-96, pp. 209 -230.

Sweet A. P &Snow, C.E. Rethinking Reading Comprehension. Guilford, 2003, pp.1 -3.

Stanovich, K.E. Matthew "Efectos en la lectura: Algunas consecuencias de las diferencias individuales en la adquisición de la alfabetización". Reading Research Quarterly, 21, 1986, pp.360-406.

Sutiyatno, S. "The effect of teacher's verbal communication and non-verbal communication on students' English achievement". Revista de enseñanza e investigación de idiomas. Vol.9 (2) Marzo 2018, pp.430-437.

Taylor, B.M. y Beach, R.W. "The effects of text structure instruction on middle-grade students' comprehension and production of expository text". Reading Research Quarterly.19, 2002, pp. 134-136.

Uma Maheswari, S. "Reading Comprehension and Culture: A Linguistic Study", M.Phil. Dissertation, 1994.

Urquhart, S. y Weir, C. Reading in a Second Language: Process, Product and Practice. Longman, 1998, pp. 102- 346.

Urquhart, A.H. et.al. "The effect of rhetorical ordering on readability", en Alderson, J.C. y Urquhart, A.H., (Ed.), 1984, pp. 103.

Velmurugan, K. "Effectiveness of Thinking Process Through Reading and Writing of Post Graduate Students of English", M.Phil. Dissertation, 2010.

Vince Gaudio. "Improving Reading Skill in ESL Students through an Intensive Vocabulary Program", Master of Arts Action Research Project, 2003, pp.44.

Vygotsky Lev Semenovich. La mente en la sociedad: The Development of Higher Psychological Processes, ed. James V. Harvard University Press, 1978, pp. 117-178.

Vygotsky, L. Pensamiento y lenguaje. Cambridge, 1986, pp.78.

Watson, C. R. J. "Classroom Discussion as a Prelude to Reading". ELT Journal, vol. Xxxv, número 2, enero de 1991, pp. 137.

Williams, E. Reading in the Language Classroom. Macmillan, 1984, pp.10.

---, Reading in the Language Classroom. Macmillan, 1984, pp.107.

---, Reading in the Language Classroom. Modern English Publications, 1996, pp.96-97.

Williams, R. "Top ten principles for teaching reading". Revista ELT. Vol. 40/1, 1986, pp.42-45.

Yazdanpanah, K. "The Effect of Background Knowledge and Reading Comprehension Test Items on Male and Female Performance", The Reading Matrix, vol.7, no.2, 2007, pp. 64-80.

Yule, G. (1996). Pragmatics. Oxford, Inglaterra: Oxford University Press, pp. 87.

Zeleke, S. Self-concepts of students with learning disabilities and their normally achieving peers: a review. European Journal of Special Needs Education, 19(2), 2004, pp. 145-170.

Zhang, J. "En defensa de la enseñanza de la lectura en la universidad". Journal of College Literacy and Learning, 30, 2003, pp. 14.

I want morebooks!

Buy your books fast and straightforward online - at one of world's fastest growing online book stores! Environmentally sound due to Print-on-Demand technologies.

Buy your books online at
www.morebooks.shop

Achetez vos livres en ligne, vite et bien, sur l'une des librairies en ligne les plus performantes au monde!
En protégeant nos ressources et notre environnement grâce à l'impression à la demande.

La librairie en ligne pour acheter plus vite
www.morebooks.shop

KS OmniScriptum Publishing
Brivibas gatve 197
LV-1039 Riga, Latvia
Telefax: +371 686 204 55

info@omniscriptum.com
www.omniscriptum.com

Lightning Source UK Ltd.
Milton Keynes UK
UKHW010817200222
398952UK00001B/54